Pendo

Judith Giovannelli-Blocher

Woran wir wachsen

Erfahrungen eines Lebens

Pendo München und Zürich

1. Auflage 2007

Umschlaggestaltung: Hauptmann & Kompanie Werbeagentur, München – Zürich
Satz: BuchHaus Robert Gigler
Gesetzt aus der Palatino
Druck und Bindung: Druckerei Pustet, Regensburg
Printed in Germany
ISBN 978-3-85842-650-5

Inhalt

Vorwort

Dieses Buch ist keine Autobiografie, es enthält aber viele persönliche Erfahrungen, als Beispiele für das, was ich herausarbeiten will. Es geht nicht um die Frage, wie ich gelebt, was ich erlebt habe, sondern um das Wovon, um die Quellen, um die Lebensanregungen. Alles in allem also ein Buch, das dem Aufbauenden nachgeht. Hat es keine Schicksalsschläge gegeben, keine ernsthaften Erkrankungen, keine Enttäuschungen? Aber natürlich. In meinem Alter hat sich in einem wachen Menschen eine gehörige Lebenswehmut über viel Versäumtes und nicht mehr Nachzuholendes angesammelt, viel Trauer auch über den Lauf der Welt, den man nicht ändern konnte. Es gibt auch nicht verarbeitete Spuren von Bitterkeit über erfahrene Ungerechtigkeit, Missachtung und Kränkung. Es hat mir öfters den Klee verhagelt. Mit zwanzig war ich eine Greisin, mit vierzig erst habe ich angefangen, ein eigenes Leben zu leben. Aber das ist hier nicht das Thema. Es geht nicht um das, was mich am Leben gehindert hat, sondern um das, was mich dazu angeregt hat, was schlussendlich zur Lebenserfahrung geführt hat, in die freilich das Schwere des Lebens eingeschlossen ist.

Ich bin ein Mensch, dem man häufig nachsagt, ich hätte viel Lebenserfahrung. Ein zwiespältiges Kompliment, weil sich diese Qualität gar nicht richtig messen lässt. Außerdem machen mir auch viele sogenannte erfahrene Praktiker und Praktikerinnen Mühe. Ich kenne gewichtige Persönlichkeiten, die immer von ihrer Erfahrung sprechen, als sei das der Nabel der Welt. Damit sind sie für mich gerade nicht lebenserfahren, sondern repetieren nur, was sie stets gemacht und gedacht haben; sie tragen Scheuklappen gegenüber neueren Entwicklungen, schleppen dagegen das Gewicht ihrer Erfahrungen an. Das nervt, besonders die Jüngeren, die das Leben mit eigenen Augen erkunden.

Vielleicht kennt jeder älter werdende Mensch die Gefahr, auf diese Seite zu kippen. Das vorliegende Buch dient auch der Selbstbefragung. Es möchte Anregungen vermitteln, besonders jüngeren Leserinnen und Lesern, die fragen, was mit einem langen reflektierten Leben und dem darin Angehäuften anzufangen ist.

Am besten vergessen – oder doch nicht? Ist Vergessen überhaupt möglich, da wir doch aus unserer

Vergangenheit geformt sind, diese wohl oder übel mit uns tragen?

Die wichtigen Dinge in meinem Leben haben sich immer in der Begegnung mit anderen Menschen ereignet. Mir scheint, dass ich vor allem vom Leben selbst, aus seinen oft unerwünschten und fast immer ungeplanten Zwischenfällen profitiert habe. Das Leben als Lehrmeisterin – kann das erfüllend sein auch in einem Lebenslauf, der sich unspektakulär abgespielt hat und keine besonderen Leistungen und Abenteuer aufweist? Ich bin weder vertrieben worden noch habe ich Brustkrebs gehabt, noch bin ich eine weiße Massai, sondern ich habe ein unscheinbares Leben gelebt in einem der behütetsten Wohlstandsländer, die es gibt.

Ist mein Buch exemplarisch für die Art, wie man Lebenserfahrung gewinnt? Wohl kaum. Jeder hat sein eigenes Buch der Lebensverarbeitung. Es gibt auch Bücher mit dem Titel: *Woran man zerbricht*. Gemeint sind Schicksalsschläge und Ungerechtigkeiten, die so traumatisch wirken, dass man darin stecken bleibt. Dies nicht zu vergessen und daran zu arbeiten, dass es weniger solche Lebensbücher gibt, ist unsere Aufgabe. Heilend ist es zu fragen: Was habe ich bekommen, welche Wendungen des Schicksals, vor allem, welche Menschen haben mir im Leben gutgetan, woran will ich festhalten, womit weiterfahren? Das Buch will und kann keine Rezepte geben. Aber ich hoffe, dass meine Gedanken anregend sind für die persönlichen Forschungen der Leser und Leserinnen.

I

Vom Leben und Sterben

Das Erste, was ich außerhalb der familiären Welt wahrnahm, waren Friedhöfe. Sie umgaben das Pfarrhaus, in dem ich aufgewachsen bin. Der Tod lungerte also von Anfang an um mich herum. Er hatte seine Wächter, die Grabsteine. Wir Kinder hatten in seinen Gefilden, auf den Wegen zwischen den Gräbern, nichts zu suchen. Der Tod war stumm, aber unheimlich präsent.

Die erste Leiche meines Lebens war ein Selbstmörder. Er hatte sich von der Rheinfallbrücke gestürzt und war unterhalb unseres Gartens ans Ufer geschwemmt worden. Darüber war im Pfarrhaus ein reges Hin und Her entstanden, ich – ich mag etwa sechs Jahre alt gewesen sein – schnappte das Wort »Selbstmörder« auf, ohne zu wissen, was darunter zu verstehen sei.

Ich sah den Vater über den Schnee aufs Waschhaus zulaufen. Ich schlüpfte hinter ihm zur Tür hinein. Der Hügel auf dem Boden sah wie ein Haufen Schmutzwäsche aus, aber unten ragten Schuhe mit abgelaufenen Sohlen hervor und oben ein nasser Haarschopf, zusammengedreht und in eine Spitze auslaufend, die gespenstisch in den kalkweißen Raum stach. Als ich unter dem Leintuch die Konturen von Nase und Augenhöhlen wahrnahm, wusste ich sogleich: Das ist ein Selbstmörder. Ich sah meinen ersten Toten.

Mein Vater stand mit gesenktem Kopf, die Daumen fingerten an einem Knopf der Strickweste. Es war eisig kalt und roch nach Seifenlauge. Ich spürte eine warme Hand auf meiner Schulter und Vaters Stimme sagte: »Er wollte nicht mehr leben.«

Vermutlich habe ich dann weitergefragt, wollte wissen, weshalb der Mann sich umgebracht hatte. Die Antwort, die mir der Vater darauf gab, hat sich in mir für immer festgesetzt. Über all die Jahrzehnte, die seitdem vergangen sind, habe ich sie in Erinnerung. Erst jetzt, wo ich sie aufschreiben will, kommen mir Zweifel, ob der Vater wirklich so gesprochen hat. Zwar sehe ich ihn, wie er vom Waschhaus wegläuft, am Schneerest entlang auf dem grünen Rasenstreifen auf die Tür unseres Hauses zu, und wie er mir mit flatternden Händen im Gehen die Antwort erteilt. Es ist Vorfrühling, schmelzender Schnee, Schneeglöcklein unter dem Birnbaum, auf den Ästen hüpft ein Rotkehlchen hin und her. Und der Vater antwortet: »Vielleicht hat ihn niemand gern gehabt.«

Im Waschhaus eisige Kälte, Reste von Seifenlauge auf dem Boden, unter dem Tuch ein Schlusspunkt, bewegungslos. Draußen Vorfrühling, keimendes Leben, und auf den Weg gestreut die Worte meines Vaters – wie ein Aufruf, wie ein Programm für mein eigenes Leben. Aber vielleicht hat er das ja gar nicht gesagt, sondern ich selbst habe mir mit der Zeit diese Antwort zurechtgelegt, damit sich an der Stelle eines Schlusspunktes, dieser fürchterlichen Kapitulation, für mich ein Weg ergebe? Man legt sich zurecht, wie es gewesen sein muss, welche Folgerungen man daraus ableitet. Leben ist die ständige Überlistung der Realität durch das eigene Denken, die eigene Fantasie, den Sinn, den man dieser Realität abgewinnen will. Daraus, nicht durch die Fakten, formt sich der persönliche Kontext des Lebens.

Meine damals dem Vater, der großen Autorität in meinem jungen Leben, zugeschriebene Antwort, war in Wirklichkeit vielleicht meine eigene, die ich mir als Rettungsring zugeworfen habe.

Hätte der Tote überleben können, wenn ihn jemand verlässlich geliebt, an seine Möglichkeiten geglaubt, ihn aufgemuntert und gestützt hätte? Wenn jemand auf ihn zugegangen wäre?

Oder habe ich diese in mich eingemeißelte Antwort, die so vielleicht gar nicht gegeben wurde, als eine Selbstaussage des Mannes genommen, der mir da die Hand gab, dieses Vaters, der sich nach Liebe sehnte, sie sich aber ständig vergab? Hat sich hier ein Keim für meine Berufsmotivation gebildet?

Fünfzehn Jahre später, ich war bereits Praktikantin der Sozialarbeit, erlebte ich an einem drastischen Beispiel, dass man allein mit der Aufopferung für andere nicht leben kann. Liebe deinen Nächsten wie dich selbst, lautet das knappe erste Gebot des Neuen Testaments, welches alle anderen Gebote umfasst. Es besteht aus zwei Teilen. Sich selbst anzunehmen und mit allem zu versorgen, was die eigene Person bedarf, ist also ebenso wichtig und die Voraussetzung dafür, sich anderer annehmen zu können. Dies zu lernen ist viel schwerer, als man glaubt.

Es gab damals eine ältere Berufskollegin, über die man sprach. Sie war sagenhaft tüchtig und sagenhaft hilfsbereit, unentbehrlich und jederzeit zur Stelle, wenn man etwas brauchte. Sie stand pausenlos im Einsatz. Ihr Tag kannte keine Stundeneinteilung, ihre Woche keine Arbeits- und Freitage, sondern sie war einfach jederzeit im Büro zu finden. Sie konnte einen am Ostersonntag dienstlich anrufen und war man ungehalten über diese Störung an einem Feiertag, so setzte sie sich einfach darüber hinweg. Bei ihren Klienten ereigneten sich am laufenden Band Notfälle, die sofortiges Handeln nötig machten. Vor lauter »Gutes tun« schien sie sich selbst abhanden gekommen zu sein, und umsonst versuchten ihre Kolleginnen und Vorgesetzten, sie zu mehr Ruhe und Erholung zu überreden. Ihre hohe Stimme blieb unnahbar und sie speiste jede, die ihr näher kommen wollte, mit einem gezielt professionellen Lächeln ab. Umgekehrt wurde sie aber auch ausgenutzt, wann immer eine Information gebraucht, eine schnelle Handreichung nötig war, gerade niemand den Telefondienst machte etc. Kurz gesagt: Man regte sich zwar über ihren Übereifer auf, aber dennoch war man froh, wenn man von ihrer Dauerpräsenz und ihrer Dienstbereitschaft profitieren konnte.

Sie trug jahrzehntelang den gleichen Hut. Einst dunkelblau, war er durch den langen Gebrauch von undefinierbarer Farbe geworden. Stets war sie beladen mit Aktenmappen, Netzen voller Lebensmittel und Bilderbüchern, Krücken oder einem Kindervelo, das sie jemandem bringen wollte. Sie wurde deswegen von vielen bewundert – und man hatte leicht Schuldgefühle ihr gegenüber, nicht zuletzt, weil sie keinen einzigen Geburtstag von ihren Mitarbeiterinnen vergaß! Hatte jemand etwas Schweres erlebt, stand flugs ein Blümchen vor der Tür, und sie hatte einen unerschöpflichen Vorrat von Spruchkarten, die sie zu passenden Gelegenheiten verteilte. Sie sprach mehrere Sprachen und stenografierte an einer Sitzung blitzschnell das Protokoll, sie kannte die einschlägigen Gesetze unserer Arbeit hervorragend und man konnte sich auf sie verlassen.

Ich hatte ihr gegenüber eine Mischung aus Respekt, Wut und Erbarmen. Wenn ich um sechs Uhr abends das Pult abschloss und den Mantel anzog, huschte sie schnell in die Bäckerei, um dort das letzte Stück Wähe zu ergattern. Das lag dann auf einem Stück Papier neben der Schreibmaschine, daneben der Berg von Pendenzen, den sie sich für den Feierabend vorgenommen hatte. Mein Erbarmen für sie wuchs, als ich feststellte, dass die Pendenzenberge auf ihrem Pult trotz aller Anstrengungen einfach nie kleiner wurden. Ich hatte Angst um sie. Aber ihre wasserblauen Augen waren undurchdringlich und ließen keine Fragen an sich herankommen.

Kurz vor ihrer Pensionierung erreichte uns die erschütternde Nachricht, dass sie sich das Leben genommen habe. Mitten in der Nacht hatte sie diesen vielleicht langsam gereiften Entschluss ausgeführt. In ihrer einsamen Küche hatte sie den Fußschemel gepackt, der stets vor dem Taburett stand, weil sie die Schuhe nur noch schnüren konnte, wenn sie darauf abgestellt waren, und ihn in ihre seit Jahren immer gleiche zusammenfaltbare Stofftasche, mit der sie stets unterwegs gewesen war, gestopft. Mit der unbequemen Last machte sie sich auf zur Rheinfallbrücke, diesem Sehnsuchtsort von Lebensmüden. Wie die Presse anderntags mitteilte, hatte sie den Schemel nahe ans Geländer gerückt und sich daraufgestellt, um sicher zu sein, dass sie den Sturz in die Tiefe, in die Auflösung von Denken und Sein, schaffte.

Als ich die Nachricht hörte, dachte ich daran, dass frühmorgens nach der Tat die ersten Arbeiter, die auf dem Weg zur Arbeit ihr Rad über die Brücke schoben, diesen einsamen Schemel entdeckt haben müssen. Vielleicht waren darunter auch solche, denen sie einmal geholfen hatte.

Dieses wahre Beispiel ist in seiner extremen Ausprägung sicher nicht exemplarisch für Menschen, die zu wenig an sich selbst denken. Trotzdem sehe ich immer noch das Stück Apfelwähe auf einem Blatt Papier vor mir, oder den Birnenwecken, was immer vor Ladenschluss noch in der Bäckerei übrig geblieben war, neben der Schreibmaschine der Fleißarbeiterin, damals in Berufskreisen hoch angesehen, und ich, die Anfängerin, einerseits mit Bewunderung und andererseits mit Schuldgefühlen, weil ich abends gerne nach Hause ging. Und dann mein stückweises Entdecken, dass ihre Überstunden nichts brachten, weil die Pendenzenberge stets gleich hoch blieben. Allmählich ahnte ich, dass die bedauernswerte Kollegin verloren gewesen wäre, hätten ihre Arbeitsberge sich aufgelöst.

In meiner späteren Arbeit wurde mir diese Tatsache vertrauter. Ich traf sie bei Müttern, die sich niemals von ihren Kindern und dem Großhaushalt trennen konnten, bei pensionsreifen Chefinnen und Chefs, die ihre Arbeit endlos ausdehnen und zum Leidwesen ihrer Nachfolger nicht aus den Fingern lassen konnten, bei Inhabern von Ämtern und Ehrenämtern. Nur ganz selten enden diese Leben so wie im geschilderten Beispiel. Diese tief erschütternde Erfahrung ganz am Anfang meiner beruflichen Tätigkeit hat mich aber vermutlich vor vielem bewahrt.

Viele Menschen mit selbst inszenierter Überlastung leiden schwer unter diesem Zustand, möchten entspannen, abschalten, sich selbst besser »nähren« können.

Zu sich selbst zu finden ist häufig die schwerste Aufgabe gerade für jene, die so vielen anderen Menschen auf den rechten Weg geholfen haben.

Der süße Tod

Gibt es jemanden, der in vollen Zügen lebt und eines Tages dennoch den Tod herbeisehnt? Aber ja, gerade lebensvollen Menschen geht es so. Sie schöpfen ihre Tage und Nächte aus, aber dann kommt die Zeit, wo sie sagen: Es ist genug, das Leben hat sich in Sein und Tun, Genießen, Leiden, Kämpfen und Hoffen aufgebraucht, nun komm, lieber Tod – und mach es gnädig.

In meiner Kindheit gab es im Dorf eine alte Bäuerin, seit Jahrzehnten schon Witfrau. Sie war geehrt und gefürchtet – und obwohl sie allein auf ihrem kleinen Gut lebte, liefen manche Fäden des Dorflebens bei ihr zusammen.

Bis ins hohe Alter bewirtschaftete sie ihr Höflein selbst. Auf Tiere wurde mit der Zeit verzichtet, sie zog Gemüse und brachte dieses zusammen mit den Erträgen ihres Obstgartens und den Blumen vom Gärtchen auf einem schwerfälligen Karren in die Stadt, wo sie an den Häusern ihrer Kunden läutete und die Ware absetzte. Blieb ein Rest, bot sie diesen auf dem Markt der Stadt feil.

Da sie mit unsern Eltern befreundet war und Kinder furchtbar gern hatte, waren wir oft bei ihr, sie war fast wie eine Großmutter für uns. Wir schlüpften über die Schwelle ihrer Haustür – und es war das Paradies.

Zuerst machte sie immer einen Rundgang ums Haus mit uns, um nachzusehen, was sich in den Töpfen, den Blumenrabatten, den Gemüsebeeten, unter den Bäumen in der Wiese und drüben im Wald, der bläulich durch die Äste schimmerte, alles getan hatte. Welche Freude, wenn etwas »den Kopf aus dem Boden streckte«, aus einer Blüte am Baum bereits ein kleines grünes Äpfelchen geworden war und im Wald die winterlichen Buchen schon einen hellgrünen Schleier trugen. Trotz ihres Alters kniete sie mit schweren Knien im frischen Frühlingsgras, pflückte die ersten Veilchen und band sie zu einem Sträußchen.

In ihr Schenk-Körbchen kamen die ersten Erdbeeren, dann die Himbeeren und Pflaumen, später die kostbaren Pfirsiche vom Spalier und zuletzt im Jahr die Nüsse. Das Körbchen wanderte ins Pfarrhaus hinunter, aber auch zu manchen Leuten in der Gemeinde, die krank waren oder keinen Garten hatten.

Wir rückten auf die Bank hinter ihrem Stubentisch, auf dem die rot-weiß getupften Milch-Chacheli schon bereitstanden und in die sie bald aus hohen Krügen Milch und dünnen Kaffee gleichzeitig goss. Mit ihren weichen Händen, deren Haut viel zu groß geworden war und sich in Hügeln und Falten auf den Handrücken und die von der Gicht verkrümmten Finger legte, schnitt sie vom Bauernbrot die Schnitten herunter, träufelte Honig darauf, der alsbald durch die großen, luftigen Löcher des Brotes auf unsere Finger tropfte. »Esst. Und am Schluss schlecken wir alle zehn Finger ab«, schmunzelte sie. Gleichzeitig rückte sie das Holzbrett mit dem Speck darauf in ihre Nähe und säbelte mit dem Messer ein tüchtiges Stück für sich selbst ab. Über unsere Sprüche und Einfälle lachte sie so schallend, dass ihr Gesicht puterrot anlief und das Gebirge ihres Körpers so ins Schwanken geriet, dass wir, wenn wir auf ihrem Schoß saßen, mit wohligem Schauer anfingen durcheinanderzupurzeln.

Eher beklemmend ist die Erinnerung an jene Tage, an denen wir auch bei ihr schliefen, weil unsere Mutter im Kindbett war und der Vater keine rechte Aushilfe gefunden hatte. In der feucht-kühlen Schlafkammer war es wegen des Nussbaums vor dem Fenster auch am Tag dämmrig. Das hochbeinige Bett war so tief, dass ich unter dem tonnenschweren Deckbett wie in einer Grube versank, sobald ich hineinplumpste. Ich bekam Albträume, meine Zehen verkrallten sich im Kirschstein-Sack unter den Füßen, das Rieselgeräusch der Steine war unheimlich. Als ich einmal im Traum aufschrie, erschien Frau B. in einem steifen Nachthemd. Ihre gelblich-grauen Haare waren aufgelöst und rollten gespenstisch den Rücken hinunter. »Es grümschelet etwas«, flüsterte ich und zeigte in die Ecke. »Na, es wird ein Mäuslein sein«, antwortete die Alte, schlurfte in die Küche, kam mit einem Löffel Honig wieder, deckte mich zu und löschte das Licht. Ich fürchtete mich und hielt mir die Ohren zu, als ein Käuzchen zu rufen begann. Die Äste des Nussbaumes bewegten sich unheimlich im Nachtwind, dazwischen schien der Mond auf die Bettdecke.

Wenn die Sonne hinter dem Wald untergegangen war und Frau B. die letzten Pflanzen ums Haus herum begossen und den Brunnen gereinigt hatte, ging sie ins Schlafstübchen, streifte ihre Arbeitskleider ab, legte ihre Schürze aus schwarzer, sich schwer anfühlender Seide um und kämmte sich das Haar. Dann holte sie aus der Eckbank in der Stube die Bücher heraus, die ihr inneres Leben bedeuteten und legte sie auf den Tisch, die Bibel oder ein Buch über das Leben Jesu. Beim Lesen bewegte sie die Lippen. Niemand hätte die alte Frau, das eindrucksvolle Haupt über das Buch gebeugt, zu stören gewagt.

An einem Nachmittag saß ich, Beine schlenkernd, an ihrem Tisch, ein Fasnachtsküchlein in der Hand. Frau B. schüttete Äpfel aus ihrer Schürze und begann, sie zu rüsten. Es gefiel ihr, wie mir das Leben schmeckte. »Der Puderzucker-Schnauz steht dir gut«, spaßte sie. Aber dann kam ganz unvermittelt und mit einem tiefen Seufzer: »Jetzt bin ich dann froh, wenn der Herrgott mich heimholt – es ist genug gelebt. Ich freue mich aufs Heimgehen!« Über die glatte Wand des Milchkrugs zitterten rötliche Kringel der Abendsonne, die im Begriff war, hinter den schwarzen Tannen unterzugehen.

Ich saß mucksmäuschenstill. Das Uhrpendel ging hin und her, in allen Ecken der Stube wisperte das Leben. Frau B. stemmte die Fäuste auf den Tisch, stand auf und sagte im Hinausgehen: »Eines Tages bist du satt vom Leben und sagst: ›Herr, ich habe Lust, zu scheiden.‹« Ich sah sie ängstlich von der Seite an. Sie nahm meinen Kopf in ihre Hände und sagte mit zuversichtlicher Stimme: »Weißt du, wenn die Sonne untergeht hinter den Tannen, beginne ich mich zu freuen auf das, was dahinter ist.«

Geheimnisvoll war Frau B. immer gewesen. Nun wurde ihr großes, langes Gesicht noch rätselhafter, in ihre zuversichtliche Stimme mischte sich ein unbekannter Ton.

Frau B. räumte das Zvieri ab. »Schau dort, die Nebel zwischen den Tannen steigen schon, die Hasen beginnen zu backen und es ist Zeit für dich, nach Hause zu gehen.« Die Geschichte von der Hasenbäckerei im Wald, deren Räuchlein sie in den aufsteigenden Abendnebeln erblickte, gehörte zu ihren Lieblingen. Es war, als wäre sie mit ihnen verwandt und lebe mit ihnen ein heimliches zweites, vergnügtes Leben.

Als ich mich auf den Heimweg machte, stand die Sonne just über dem Wald und ging augenblinzelnd unter. Auf den Wiesen lag bereits der Abendtau. Ich schaute zurück. Das Gütlein meiner alten Freundin, für mich stets in Goldfarbe getaucht, lag im Schatten. Ich warf mich in den Glücksklee ins Gras und weinte.

Nicht lange darauf schlief die betagte Frau vor dem Ins-Bett-Gehen noch in den Kleidern ein und erwachte nicht mehr. Sie war sehr alt geworden, hatte Existenzkrisen, Krankheiten, Todesfälle und wüste Händel überstanden, aber ihr Augenmerk war stets dem Hellen und dem, was heller zu machen war, gewidmet gewesen.

Am Tag der Beerdigung war, wie auf dem Land üblich, ihr Sarg neben dem Brunnen vor dem Haus aufgebahrt. Das Sargfensterchen war geöffnet, damit Nachbarn und Dorfbewohner Abschied nehmen konnten. Ihr Haupt schien in dem engen Holzgehäuse riesenhaft groß, die Schädelknochen über der Stirn traten hervor, erst jetzt sah ich, dass ihre Haare beinahe ganz ausgefallen waren. Frau B. war gegangen.

Der Trauerzug war lang und zog sich um manche Wegkehre herum, durchquerte die Rebberge und führte ins Wäldchen hinein, an dessen Ende unten die Kirche zu sehen war, deren Glocken beim Erscheinen des Leichenwagens zu läuten begannen.

Anfänglich herrschte Stille unter den dunkel gekleideten Menschen, die hinter dem Sarg herliefen, auf jeden Fall so lange, wie ihr Gütlein noch in Sichtweite lag. Das leise Tappen der Schritte war zu hören und vorne der etwas härtere Aufschlag von den Hufen der Pferde, die den Leichenwagen zogen, das Ächzen und Knirschen der gewaltigen Räder. Der Weg war uneben, die Kränze am Wagen baumelten hin und her, ihre Schleifen bewegten sich im Wind. Nach und nach wuchs unter den Dörflern ein Murmeln, besonders im hintersten Teil des Zuges, der von der leidtragenden Familie am weitesten entfernt war. Die Tote wurde verhandelt, zunächst ausschließlich rühmend, später mischten sich auch andere Töne ins Murmelgespräch. Frau B. hatte Macht im Dorf gehabt. Nicht jeder war mit ihr einer Meinung gewesen. Jetzt war sie dahin, dieser und jener getraute sich, noch bevor sie unter der Erde war, anzutönen, was ihm nicht gepasst hatte an ihr.

Nach der Beerdigung, als der Siegrist das Grab fertig machte, die Grube mit Erdschollen auffüllte, dann mit der Rückseite der Schaufel die oberste Erde verfeinerte und glatt strich, zuletzt den Grabschmuck darauf verteilte, stand ich daneben und fing laut und haltlos zu heulen an, und meine Tränen tropften auf die glutroten Dahlien eines Kranzes. »Hast du so an ihr gehangen?«, fragte der Siegrist verlegen und verwundert, und als ich gar nicht aufhören wollte zu weinen, versuchte er mich zur Vernunft zu bringen mit der Bemerkung: »Herrje, das Leben ist eben so, einmal muss man gehen, man kann nicht ewig leben.«

Mein Weinen muss ihn beunruhigt haben, denn er benachrichtigte meine Mutter. Sie deutete es als ein Zeichen meiner auch sonst von ihr mit Sorge beobachteten »Übersensibilität« und sprach mir gut zu. Heute glaube ich, dass meine Schleusen damals aufgebrochen sind, weil mir mit meinen 14 Jahren erstmals bewusst wurde, wie reich und groß, wie schön das Leben ist! Die Erschütterung am Grab war das Zugleich von Schmerz und Freude, von Verlust und Gewinn, wie oft im Leben alles beieinander, eine tiefe und unvergessliche Lebenserfahrung.

Das starke Erlebnis hat sich zur Ahnung verdichtet, dass das gute und volle Leben zur rechten Zeit einen erwünschten und »süßen« Tod bringt, und obwohl sich seit jenen Tagen viele andere und widersprüchliche Bilder von Leben und Tod über dieses Ereignis geschoben haben und ich längst weiß, dass des Menschen Lebens- und Sterbeweg letztlich rätselhaft und undeutbar bleibt, hat mich die Gewissheit am Grab der alten Bäuerin nie ganz verlassen, sondern begleitet mich trostvoll.

2

Himmel und Hölle der Religion

In der kleinen, putzigen Kirche auf der Anhöhe über dem Rheinfall bei Laufen, einem der größten Naturwunder Europas, wurde ich getauft. In der Tiefe tosten und gurgelten die Wasser, während mein Vater, der zugleich der Pfarrer war, die Hand über mich hielt, so dass meine Stirne in seinem Schatten lag. Mit zwei Fingern träufelte er das Wasser über mein Gesicht. Vielleicht bin ich zusammengeschreckt, vielleicht habe ich zu weinen angefangen.

An meine eigene Taufe kann ich mich natürlich nicht erinnern. Ich habe sie jedoch nacherlebt bei der Taufe von vielen jüngeren Geschwistern, die in derselben Kirche, mit demselben Ritual und demselben Pfarrer vollzogen wurde. Als kleines Mädchen in der Kirchenbank sitzend, habe ich das Geschehen äußerst intensiv aufgenommen: der Pfarrer/Vater, der das

Kind hochhebt und ruft: »Fürchte dich nicht, denn ich erlöse dich, ich rufe dich bei deinem Namen!« Und dann, mit der Hand, leicht zitternd, die segnende Gebärde. Nichts ist in meinem Gedächtnis so scharf eingegraben wie dieses Dargebrachtwerden in horizontaler Lage, in allernächster Nähe zum vertrauten Geruch des Vaters und seiner zitternden Hand, die zugleich die Hand Gottes war. Das war paradox, denn die Taufe ist ja eigentlich ein Herausheben aus der familiären Abhängigkeit, ein Überantwortetwerden an eine höhere Geborgenheit. Und dann gab es ein Drumherum und ein Dahinter. Der Chor der Gemeinde, dessen Gesang auf das Kind zuströmte, die Orgel, die mit ihrem Brausen einsetzte, die Familie, die in der vordersten Kirchenbank versammelt war mit der Mutter, der meist die Tränen übers Gesicht liefen. Kaum war der Taufspruch verklungen, erhob sich die Gemeinde schwerfällig, nach den Nummern am Lettner wurde das Tauflied aufgeschlagen und mehrstimmig gesungen: diejenigen mit schöner Stimme Sopran und Tenor, die übrigen den Alt und Bass etwas ungenau nachbrummend.

Hier wurde der Täufling eingemittet – und das ließ sich ein Leben lang nicht mehr wegdenken, auch wenn die Fantasie des kleinen Mädchens als Zuschauerin in der Kirchenbank schon damals über die Zeremonie hinausflog. Es sah die weiße Taube aus seiner Kinderbibel reglos über dem Taufstein in der Luft stehen und sah, wie der Gesang der Kirchenleute sich vom Säugling löste, emporstieg und schließlich ganz hinten im Chor durchs halb geöffnete linke Fenster ins Freie gelangte, wo er sich über den dampfenden Brachfeldern und den rotgrünen Schösslingen der jungen Reben im Frühlingsmorgen verloren hat.

In meiner Erinnerung war während der Taufen immer eine weiche Musik in Dur im Kirchenraum, wir Kinder schwebten in der Luft, herausgehoben, im Licht, während die Erwachsenen, wohl verpackt in ihre Kleider, mit ihren Handschuhen und Taschen und ihrem abgestandenen Geruch ihre faltigen Hälse nach uns reckten. Wir Kinder aber waren neu, strahlend weiß, einzigartig und mit einem Namen gesegnet, der nur uns allein galt. Die Welt stand auf dem Kopf, denn sonst hatten wir nichts zu suchen unter den »großen Leuten«, aber hier jubelte die Orgel für die, welche zum Taufstein emporgehoben, eine höhere Wertigkeit bekamen. Dass sie damit gleichzeitig den »Stachel des Gehorsams« (Canetti) empfingen, dieses Bewusstsein entwickelte sich erst später; das Wissen um das Eingebundensein, die Verantwortlichkeit, die Schuld, wenn man sich nicht daran hielt, das lebenslängliche Schuldbewusstsein.

Die Ambivalenz der Religion

Was ist es nun? Eine frühkindliche Vergewaltigung, eine lebenslängliche Kerkerhaft in den Verliesen einer autoritären Religion, eine Schädigung der Lebenslust? Ja, das war es bei mir alles auch, aber hauptsächlich war und ist es ein Stoff der täglich neuen Auseinandersetzung, des Widerspruchs, der starken Selbstbehauptung und Auflehnung gegen jeden Zwang.

So paradox es klingen mag: In die Wiege wurde mir zugleich gelegt das Fragen und Staunen in die Welt hinein, ein undefinierbares Gefühl der Dankbarkeit und Zuversicht, dass es gut ist, so wie es ist und gut kommt, wie es kommt. Und starke Worte der Bibel umkleiden mich wie ein Mantel – mitsamt der täglichen Zweifel, ob er gut sei, dieser wärmende Mantel.

Mein Vater, der zugleich mein Pfarrer war, hat die Maßstäbe gesetzt. Er war ein ausgezeichneter Theologe, wie Amtsbrüder von ihm bis heute bestätigen. Er ging hartnäckig an die Wurzeln, ließ die Widersprüche stehen. So beharrlich er in der Auslegung war, er war und blieb auch ein Zweifler. »Wenn das alles überhaupt nicht wahr wäre?«, konnte er unvermittelt fragen. Und wie er fragen konnte. Seine Fragen vergisst man nicht. Sie waren im tiefen Nichtwissen des Menschen zu Hause. So autoritär und konservativ er auftreten konnte (das Konservative war für ihn die einzig mögliche Verhaltensweise für einen denkenden, zweifelnden Menschen), so radikal streng, ja lieblos er sich oft äußerte: im Grunde war er ein sehr sensibler, gütiger Mensch, den seine anerzogenen Schuldgefühle aber allzu oft zur Strecke brachten. Sein wacher, kritischer Geist, seine hochgezogene Braue über dem linken, scharf blickenden Auge, seine hohe Intelligenz machten ihn bei allem Widersprüchlichen zu einem anziehenden

Menschen, der bei vielen einen bleibenden Eindruck hinterlassen hat.

Das Evangelium, und zwar die Frohbotschaft, war seine Berufung, und durch sein langes, gequältes Leben hindurch hat er zusammen mit seiner Frau daran festgehalten. Das prägt.

Eine Kirchenchristin bin ich nie geworden, ich habe auch nie in der Kirche gearbeitet, zähle mich zu ihren Grenzgängerinnen. (Manchmal habe ich aber ein schlechtes Gewissen, wenn ich die Kirchenglocken läuten höre. Wer bewahrt die mir wichtige Substanz meiner Religion, wenn nicht die Kirche?) Kirchliche Moral ist oft überheblich, besonders wenn es um die Armen und Gestrauchelten geht, das habe ich durch selbstgerechte Kirchen-Christen oft genug erfahren. Umgekehrt wären wir in der Sozialarbeit aufgeschmissen ohne alle die hilfreichen und mutigen Menschen aus dem kirchlichen Umfeld, die sich für Minderheiten und Benachteiligte einsetzen. Meine Motivation zur Sozialarbeit hat hier ihren tiefsten Grund. Es gibt keine schärfere Frage an den Menschen als die präzise Rückfrage Gottes an den Brudermörder: Kain, wo ist dein Bruder Abel?

Ich habe das gemütliche Berndeutsch des Pfarrersohns (und seinerseits wieder Vater eines Pfarrers) Friedrich Dürrenmatt im Ohr, als er, so glaube ich mich zu erinnern, behäbig meinte, uns heutigen Menschen sei es eigentlich unmöglich, an Gott zu glauben, seit der Aufklärung sei das nicht mehr denkbar. Ich schaute ihm bei seiner Rede vergnügt in die schalkhaften Augen, wissend, dass er genauso in der

Wolle eingefärbt war wie ich, auch wenn es ihm ein Riesenvergnügen machte, in seinem Wohnzimmer die mächtigen Bilder Varlins von der Heilsarmee aufzuhängen. Was in die Wiege gelegt wird, bleibt so oder so, gleich welche Gestalt es später annimmt. Der Pfarrersohn Ingmar Bergman hat über zwanzig Filme der menschlichen Beziehungskatastrophen hinweg am Ende zur versöhnlichen Beschreibung seines fürchterlich strengen Vaters gefunden und entdeckt, dass er von ihm Wesentliches mitbekommen hat.

Der Pfarrersohn, bekannte Psychotherapeut und Autor Tillman Moser hat mit seinem Buch »Gottesvergiftung« den Horror seiner christlichen Erziehung verarbeitet und damit einen Longseller geschrieben, der ihm Stoff für viele weitere Bücher bot.

Das Pfarrhaus als Dampfkochtopf, unter Überdruck gesetzt. So haben Soziologen das Milieu beschrieben. Das Bild trifft auch auf mein Elternhaus zu. In derartigen Milieus ist Gutes, oft Außerordentliches entstanden, aber ebenso das Gegenteil, der helle Wahnsinn, Zerstörerisches und Selbstzerstörerisches. Beides vereinigt sich im Pfarrerssohn Friedrich Nietzsche, dem Begründer des Nihilismus, der nach genialen Leistungen als Dichter und Denker in düstere Verzweiflung fiel.

Was bleibt

Jenseits von sogenannten Glaubensfragen und theologischen Spitzfindigkeiten spüre ich uralte Felsenplatten unter mir, auf denen ich sicher gehen kann. Das verdanke ich meiner christlichen Erziehung, meinen Eltern, die glaubten, was sie sagten. Die Fragen des »rechten Weges« sind mir eingefleischt, sie gehören zu meinem inneren Primärgeschäft jeden Tag. Auch mit der Bibellektüre habe ich nicht aufgehört. Ohne institutionelle Einbindung ist man damit sehr einsam, doch hatte und habe ich in meinem Leben immer wieder die Gelegenheit gesucht, mich mit Einzelnen und Gruppen am Rande der Kirche, mit aus der Gesellschaft Verstoßenen oder aus der Kirche Ausgetretenen (wie meinem Mann), aber auch mit solchen, die in ihrem Inneren leben, mit Ordensleuten, die sich ganz in die Anbetung zurückgezogen haben, auszutauschen und daran zu wachsen.

Zu meiner Konfirmation erhielt ich von meiner Patin einen schmalen silbernen Armreif, in den Weinranken eingraviert waren. Es war ein Zufall, dass dieser Reif zum Konfirmationsspruch passte, den mein Vater mir mit auf den Lebensweg gab: »Ich bin der Weinstock, ihr seid die Reben. Wer in mir bleibt und ich in ihm, der bringt viel Frucht, denn ohne mich könnt ihr nichts tun.« (Joh.15,5) Ich habe diesen Spruch nicht nur gern, denn er engt mich in seiner Ausschließlichkeit ein. Und doch empfinde ich ihn als wahr bis zum heutigen Tag. Ich zog den Armreif immer wieder nachdenklich über meine Hand und streifte ihn nach einem Zögern wieder auf den Arm zurück, unschlüssig, ob er nun eine Fessel oder Halt sei.

Jahrzehnte später, beim Tod meines ältesten Bruders, streifte ich den Armreif endgültig ab. Den frühen Tod meines geliebten feinsinnigen Bruders Martin habe ich bis heute nicht überwunden. Ich laste es den hohen Ansprüchen der christlichen Religion an, dass man damit kaum leben kann. Er fühlte sich den eigenen Ansprüchen und denjenigen, die seine Erziehung an ihn stellte, nicht gewachsen. (Ich kaufte mir bald nach Martins Tod eine robuste, in einem Atelier in Romainmôtier handgeschmiedete Armspange, die in der Mitte einen verschlungenen Knoten hat. Ich trage sie bis heute. Sie repräsentiert für mich die gesunde Bodenhaftung, an die ich mich geklammert habe, nachdem mein begabter Bruder mit 49 Jahren von mir weggestorben ist.)

Religion ist Himmel und Hölle, Segen und Fluch zugleich. Dieses Hell-Dunkel, Verheißung und Hybris, habe ich scharf kontrastiert in meinem Elternhaus erlebt. Die Religion war eine Initialzündung in meinem Leben. Ich kann das nicht werten, ich stelle nur fest: Hier war ein Anfang. Hier wurde ich getroffen – und es hat mich erwischt. Alle meine späteren Lebenswege sind mit meiner Anfangswunde verbunden.

Last und Befreiung

Unmittelbar vor unserer Haustür erhob sich die Eingangspforte der Kirche, darum herum breiteten sich die Friedhöfe aus. Die »freie«, verbotene Welt begann erst dahinter. Nur durch Schlupfwinkel konnten wir Kinder auf das uns untersagte Gelände des Schlosses

Laufen mit seinen Restaurants, dem bunten Treiben, der Touristen aus aller Welt, den festlichen Hochzeiten, an denen Bonbons vor unsere Füße geworfen wurden, gelangen.

»Wohin soll ich gehen vor deinem Geiste? Wohin soll ich fliehen vor deinem Angesicht? Stiege ich hinauf in den Himmel, so bist du dort, schlüge ich mein Lager in der Unterwelt auf – auch da bist du. Nähme ich Flügel der Morgenröte und ließe mich nieder zuäußerst am Meer, so würde auch dort deine Hand mich greifen und deine Rechte mich fassen.« (Psalm 139,7–10) So präsentierte sich die Religion als eine Wächterinstanz, die uns allezeit kontrollierte und uns vor den Lebensfreuden, dem bunten Treiben auf dem »weltlichen« Platz abschloss. Das stand im Widerspruch zur Frohbotschaft des Vaters, und dieser Widerspruch, das »nicht leben können«, quälte ihn selbst. Dazu kamen die etablierten Kirchenzwänge, gegen die der unkonventionelle Mann anrannte.

In sarkastischen Sprüchen gab mein Vater seinen Zweifeln, seiner Kirchenkritik Ausdruck: »Manche gehen nur deshalb zur Predigt, weil es sich so gehört, weil es ihrem Geschäft nützt, ihrer Position, ihren weltlichen Zielen«, bemerkte er mit grimmigem Ausdruck.

Die zentrale Botschaft des Evangeliums war für ihn die Befreiungs- und Erlösungspredigt am Ostermorgen, wo er zu Beginn, noch bevor er auf die Kanzel stieg, vor den Taufstein trat, die Arme weit ausbreitete und mit einer Festigkeit in der Stimme, die bei ihm ganz selten war und in der Jubel mitschwang, den

Ostergruß rief: »Christus ist auferstanden, er ist wahrhaftig auferstanden!« und die Gemeinde dann einfiel mit dem Lied: »Des solln wir alle froh sein, Christ will unser Trost sein.« Oder im darauffolgenden Lied, das mit seiner frischen Melodie einherschritt wie einer, der durch taufeuchtes Gras geht: »Des Morgens früh am dritten Tag, da noch der Stein am Grabe lag, erstund er frei ohn' alle Klag. Er ist erstanden von dem Tod, hat überwunden alle Not, kommt seht, wo er gelegen hat. Halleluja!« Das ging mir nah, zuerst der unglaubliche Aufschwung in Vaters Stimme, darauf der Gang zum leeren Grab, geheimnisvoll im Morgentau, als wäre man mit dabei, und dann der Engel, der das Wunder verkündet. Und niemand hatte etwas gesehen. Das war das Helle, das Unwahrscheinliche, an das man glaubte, zu sehen in den leuchtenden Augen der Eltern, wenn sie aus der Kirche traten.

Doch kaum waren sie aus dem schützenden Gotteshaus getreten, veränderte sich der Vater, die Freude machte der Zerknirschung Platz angesichts all der Aufgaben, die in Pfarramt und Familie zu leisten waren und denen er sich trotz seiner hohen Begabungen und seines vitalen, schwungvollen Wesens nicht gewachsen fühlte. Vermutlich hing dies zusammen mit der krankhaft strengen Erziehung einer pietistischen Mutter, die das Kind Gewissensprüfungen aussetzte, die nicht zu bestehen waren. Seine radikale Kritik an herrschenden weltlichen Zuständen und das Wissen, dass er damit kein Gehör fand, mag ihm ebenfalls zugesetzt haben. Sein kleinlicher Kampf gegen die Unarten seiner Kinder, die er im Grunde sehr liebte, die seine Augenweide waren, hinderte ihn daran, ihnen jene Liebe zu zeigen, die er gerne gegeben hätte. Das war die Hölle.

Diese Kontraste prägten meine Kindheit. Wir erlebten den depressionskranken Vater, der schlaff herumging und nicht arbeiten konnte, wir erfuhren die Eltern aber auch, wie sie gefestigt in ihrem Glauben die großen Krisen ihres Lebens durchstanden, z. B. die Wegwahl meines Vaters mit 62 Jahren und sieben noch unmündigen Kindern, oder Zeiten in meinen Jungmädchenjahren, als ich mich im Leben nicht zurechtfand und mehrmals strauchelte. Da erlebte ich die Eltern mit ihrem weiten Horizont und in ihrer treuen Liebe, die sich über kleinliches Geschwätz hinwegsetzte und in ihrer starken Hoffnung auf des Lebens Wendekraft, die sie ihrer damals sehr kleinmütigen Tochter weitergeben konnten.

So streng und bedrückend meine Kindheit war, sie hat mir dennoch den Glauben vermittelt, dass Wunder möglich sind, dass es einen Aufschwung über das alltägliche Elend geben kann. Das hat sich alles tief eingeprägt, etwa wenn wir in der Stube um die vier brennenden Kerzen des Adventskranzes herum saßen und die Mutter aus der Weihnachtsgeschichte erzählte, mit den Prophezeiungen des Propheten Jesaja anfing und vorlas: »Das Höckerige soll zur Ebene werden und die Höhen zum Talgrund.« (Jes. 40,4) Belastet durch die Probleme in unserer Familie hatte ich schon damals die Vorstellung von Bergen, die nicht abtragbar, nicht überwindbar schienen, ich hörte darum hin auf diese Weissagung ans geknechtete Volk

Israel, die Hoffnung, die darin lag. Es gab etwas, das im Leben nicht vorstellbar war – und sich trotzdem ereignete.

Hölle und Himmel, beides zugleich. Diese Kontraste gab es auch in unserem Kinderreich. In der Enge unseres Alltages, dem Zuviel an Kindern und dem Zuviel an sich im Hause abspielenden Kirchgemeindegeschäften, dem Zuviel der Anforderungen an die Eltern, konnten wir uns nicht aufführen, wie diese es gerne gehabt – und wie auch wir es im Grunde gewollt hätten.

Die reinen Herzen

Aber es gab auch den Himmel. Ein herrliches Ventil aus der Enge heraus war die Fantasiewelt, die wir Geschwister nachts im Bett heimlich miteinander aufbauten. Wir führten großartige Geschichten mit verteilten Rollen auf, mit Flüsterstimme und vorübergehend ohne Beobachtung der Erwachsenen. Diese Spiele waren ungeheuer intensiv. Da sind wir heiß gelaufen, da kamen wir raus, da hielten wir zusammen wie Pech und Schwefel und benahmen uns in unseren Rollen einfach großartig.

Wir waren unendlich hilfsbereit und großmütig zueinander, konnten uns aufeinander verlassen, gönnten einander alles. Wir waren große Wohltäter, die verschenkten, was wir hatten. Erschöpft von den Gräueln und den Enttäuschungen des Tages lebten wir die Lust am Gelingen und am Gutsein. Unsere

Fantasie sprudelte vor immer neuen Einfällen über. Wir achteten peinlichst auf Gerechtigkeit, als ob wir das Paradies bauen wollten. Die Rollen waren so ausgestattet und verteilt, dass jeder das hatte, was er brauchte und wollte. Wir waren selig. Das nächtliche Dunkel und die Nische der ungestörten Intimität schützte uns. Wir waren stark und gut. Wir ärgerten einander nicht. Wir waren stolz aufeinander. Man kann sagen, wir lebten spielend das Evangelium, wo es in den Seligpreisungen heißt: selig sind, die reinen Herzens sind.

Bei aller Fragwürdigkeit, die dies an sich hatte, waren wir doch gepackt von der Sehnsucht nach dem Guten im Menschen. Zweifellos ist die Sehnsucht nach Gutsein bei den heutigen Jugendlichen genauso vorhanden wie bei früheren Generationen. Das Gute hat aber für viele den Namen verloren und schafft wenig Zugehörigkeit mehr. Die Lust mancher Jugendlichen am Brutalen, Zerstörerischen, die Aggression gegen die Welt, in der sie leben, könnte eine Folge dieses Tatbestandes sein. Hinter manchem Gewalttätigen steckt, so habe ich es in meiner Arbeit erfahren, eine tiefe Sehnsucht nach dem eigenen Gutsein. Sie wird nur gestillt durch die authentische Erfahrung, dass ein Anderer gut mit ihm ist. Das bezeugen die Aussagen vieler zum »menschlichen Abfall« Geworfener gegenüber einem Helfer wie Pfarrer Ernst Sieber.

Mystisches

Ich hüte in meiner Bibliothek ein kleines, grün eingebundenes Büchlein, das ich als Kind bekommen habe und immer wieder zur Hand nehme. Es sind die Verse des schlesischen Mystikers Angelus Silesius, über dreihundert Jahre alt. Im »Cherubinischen Wandersmann« ist einer unterwegs auf der Suche nach der Gotteserkenntnis. Seine kindliche Seele kommt zu wunderlichen Resultaten, die einen seltsamen Frieden in mir entstehen lassen:

Gott ist ein lauter Nichts,
ihn rührt kein Nun noch Hier;
je mehr du nach ihm greifst, je mehr entwird er dir.

In'n Himmel kommst du nicht,
lass nur von dem Getümmel;
du seist denn selbst zuvor ein lebendiger Himmel.

Die Glücksspur

Wenn ich gefragt werde, was mir die christliche Erziehung gegeben oder genommen hat, so kann ich darauf nicht antworten, denn ich weiß nicht, wie es wäre ohne sie. Ich weiß nur, dass diese christliche Erziehung mein Lebensstoff ist, und dass ich einen solchen habe, dafür bin ich sehr dankbar. Aus meinem christlichen Fundus kommt es sicher, dass ich das Gefühl habe, ich hätte das Leben geschenkt bekommen und sei für die gute Verwendung desselben Rechenschaft schuldig. Ich bin kein Zufall. Ich muss etwas verantworten. Das bedeutet Bindung. Manchmal schwant mir, dies könnte eine unzulässige Einschränkung meiner Lebensmöglichkeiten bedeuten. Trotzdem weiche ich nicht ab von dieser Vorgabe: sie ist mein Lebensfeld, von dem ich den Eindruck habe, dass ich es beackern muss.

Letzthin sagte eine Frau (in einer Sterbehilfe-Debatte): »Mein Tod gehört mir.« Das könnte ich nicht sagen, obwohl ich ausdrücklich dafür bin, dass der Mensch das Recht hat, seinem Leben selbst ein Ende zu setzen. Im Abstimmungskampf zur Fristenlösung, für die ich mich in Podiengesprächen einsetzte, gab es den Slogan: Mein Bauch gehört mir. Das könnte ich so absolut auch nicht sagen. Für mich müssen alle Antworten bezogen sein auf das, was um mich ist, allerdings nicht nur bezogen auf andere, sondern ebenso sehr bezogen auf meine ganz eigenen Interessen. Dieses dauernde Abwägen zwischen den eigenen Bedürfnissen und den Bedürfnissen anderer entlässt einen nie in die totale Unabhängigkeit. Mein durch das Christentum genährtes Menschenbild spricht jener Freiheit das Wort, deren Glück es ist, das Maß der Abhängigkeit von andern Menschen, Kulturen und Systemen freiwillig zu wählen und zu bejahen.

Dasselbe gilt auch für das Lebensende. Ich glaube nicht, dass wir mit dem Tod einfach weg sind. Wir haben mit unserem Leben eine Spur gezogen. Fragt sich nur, ob diese anderen hilfreich war oder eher zum Hindernis wurde.

Vor über dreißig Jahren nahm ich an einem sehr intensiven Selbsterfahrungstraining teil. Wir arbeiteten über eine Woche lang beinahe Tag und Nacht, schliefen kaum. Zu Beginn der Wanderung zu uns selbst sollten wir uns ein Tier ausdenken, in das wir uns versetzen konnten. Es war erstaunlich, in welchem Maße wir uns diese Tiere im Laufe der Woche dann aneigneten. Als das von meiner Fantasie für mich bestimmte Tier vor meinen Augen sichtbar wurde, war ich sehr enttäuscht, besonders als andere in der Gruppe faszinierende und geheimnisvolle Tiere und Vögel für sich gewählt hatten: da gab es einen Schakal, einen Kakadu, eine Anaconda, oder wenigstens einen schlauen Fuchs, eine eigensinnige Katze. Mein Tier jedoch war ein dem Boden nachkriechender Dachs – und ich konnte rein gar nichts mit dem Bild anfangen. Ich hätte so gerne einen Vogel gesehen!

Dann hatte ich folgenden Tagtraum: Ich bin ein junger Dachs. Ich hocke am Rande einer Höhle und blicke sehnsuchtsvoll nach draußen. In mir brennt die Lust, ins Freie zu kommen, die Welt kennenzulernen. Aber ich kann nicht. Irgendwann muss ich einen Schlag bekommen haben, davon ist meine Schnauze verwundet. Ich habe keinen Riecher mehr, die Orientierung ist verloren gegangen. Draußen fällt grauer Regen. Und trotzdem zieht es mich hinaus, habe ich das Gefühl, dass hinter dem Regenschleier mehr ist. Aber meine Nase, von Blut verkrustet, hindert mich an der Entdeckung. Ich habe Angst.

Da sehe ich eines Tages vor der Höhle ein Tier vorbeigehen, von gleicher Gestalt wie ich. Ein Dachs! Ein alter Dachs. Gemächlichen Schrittes zieht er seines Weges. Durch mich fährt ein Ruck, doch zu spät, der Dachs ist schon vorbei. Ich stehe weiter am Ausgang und warte.

Und plötzlich ist der Dachs wieder da! Ohne mich zu beachten geht er vorüber. Aber diesmal bin ich schneller: Ich tue einen Schritt und setze mich auf seine Fährte. Gemessen zieht der Dachs seine Spur, ich zitternd hinter ihm her. Es scheint, als beachte er mich nicht, aber mit der Zeit spüre ich, dass er mich wahrgenommen hat. Bei schwierigen Übergängen hält er unmerklich an und vergewissert sich mit einer ganz kleinen Drehung des Kopfes, dass ich nachkomme. Immer wieder verlangsamt er für mich seinen Schritt. Nach einiger Zeit fühle ich mich sicherer, wage diesen und jenen Alleingang – und eines Tages bewege ich mich frei, brauche kein Leittier mehr, meine Sinne sind wiederhergestellt. Angstlos koste ich von allem, was zu genießen ist. Und eines Tages merkte ich, dass ein kleiner verwundeter Dachs mir folgte …

Da spürte ich in mir ein Glücksgefühl und nahm die Aufgabe mit großer Freude an.

3

Vom Lernen

Schulisches Lernen ist lebenslang ein Leiden für mich gewesen. Auf Befehl kann ich nicht lernen, die Poren meiner Aufmerksamkeit öffnen sich nicht, wenn versucht wird, mir etwas beizubringen. Meine Gedanken schweifen ab, wenn irgendwo Lautsprecher mit wichtigen Durchsagen ertönen, Anweisungen und Verhaltensregeln gegeben werden. Das geht bis zu den heute üblichen Gemeinschaftstänzen, Ritualen an Festen und Feiern, wo ich, oft als Einzige, wie mir scheint, außerstande bin, im Kreisrund die verlangten Schritte zu tun. Ich gehöre also zu den vielen Menschen, von denen ruhig gesagt werden kann, dass sie schulisch versagen. Dabei würde ich mich als einen ausgesprochen lernbegierigen und lernfähigen Menschen bezeichnen, aber irgendwie andersherum. Es dauerte Jahrzehnte, bis ich das zu akzeptieren lernte und mich nicht mehr als defekt und irgendwie nicht normal definierte.

Meine Anwesenheit in der Grundschule kann in einem Satz zusammengefasst werden: Ich passte nicht auf. Ich wusste nicht, worum es da vorne an der Wandtafel ging. In mir bleierne Langeweile. Meine einzige Befreiung: mit dem Gedankenrösslein auf und davon. Aus meinen ersten Schuljahren ist mir ein dunkler Fleck auf der Wandtafel gegenwärtig, aus dem sich kleine Wasserbächlein lösten, die nach unten rannen. Ich habe in Erinnerung, wie das Wasser sich nach unten den Weg bahnte, nachdem der Lehrer im Zorn den nassen Schwamm an die Wandtafel geworfen hatte. Und dann blieben meine Blicke an dem großen Schulwandbild über dem riesigen, äußerst solide geflochtenen Papierkorb hängen. Ein Selbstbildnis von van Gogh. Unter einem großen, von der Sonne gebleichten Strohhut ein grünliches Gesicht mit unzugänglichen Augen, die das von außen Kommende von sich abhalten. Gegenüber das andere Schulwandbild: eine Frau in schwerfälliger Tracht mit grüner Schürze, Gesangbuch und Rosenkranz in der Hand, steht auf dem schmalen Balkon eines alten Holzhauses und schaut, von der Morgensonne beschienen, in die Ferne, zu den schneebedeckten Bergen über dem im Schatten liegenden Tal. Wie in den meisten Bildern des Walliser Malers Eduard Vallet wendet sich die Frau vom Blick des Betrachters ab.

Diese beiden Bilder haben meine ersten Schuljahre geprägt, rückblickend ist mir, als ob ich bei ihnen in die Schule gegangen wäre. Was habe ich von ihnen gelernt? Auf jeden Fall nicht den Blick mitten ins Getümmel der Welt, sondern eine Schau tief in sich hinein und einen Blick über das Schattental hinaus.

Die Verdummungsanstalt

Die Schule ist eine Zumutung: in Reihen sitzen, stillsitzen, eingekerkert in ein grässliches, grobes und von Tinte und Kritzeleien malträtiertes Eichenpult, dessen Deckel beim Herunterklappen krachte und einem die Finger einklemmte, der Gestank von Bodenwichse und Schweißfüßen, der Lehrer, der in seinen Kreidestaubhänden eine schöne, reinliche weiße Kreide gedankenlos zerbröckelte, die Stummel mit Schwung in den Papierkorb warf, sich mit Genugtuung zurücklehnte, wenn er richtig getroffen hatte, den Staub von den Händen rieb und lässig nach einer weiteren, unschuldigen weißen Kreide griff, sie gedankenverloren zerstörte … Dieser unglückliche Lehrer, verhinderter Künstler voller sadistischer Aggressionen gegen die schwächsten seiner Schüler, der sich am liebsten ans Fenster stellte und seinen Anbefohlenen den Rücken zuwandte. Der Lehrer, der mit einem federnden Maßstab den Klebestreifen, den er auf den Mund eines Mädchens, einer sogenannten Schwatzbase, gedrückt hatte, genüsslich festtätschelte. Die Schule war ein Graus, so etwas Brutales!

Ergo hatte ich jede Menge ungenügender Noten im Zeugnis, neben der Note 3 fürs Schreiben stand handschriftlich: »schmiert!« Und dieses Zeugnis musste ich zu Hause zeigen!

Daheim hingegen lag ein fein kariertes Schulheft, das gehörte mir allein, und in die feinen Karos malte ich mit Buntstiften Muster, Ornamente in immer neuen Variationen, konzentriert, exakt und mit unendlichem Fleiß. Ich erinnere mich, wie der Stolz in meinem Bauch wuchs, wenn ich eine fertige Seite mit Fantasiemustern und immer anderen Farbkombinationen vor mich hinhielt.

Am Ende der zweiten Klasse stellte der Vater fest, dass ich überhaupt nicht lesen konnte, nicht einmal die Buchstaben kannte, sondern in der Schule vom bloßen Zuhören die Leseblättchen auswendig herunterschnatterte, die kurzen Texte im Lesebuch mit den läppisch vereinfachenden Bildern mir übers Ohr im Nu eingeprägt hatte, aber sie nach den Buchstaben nicht hätte entziffern können.

Die schlechtesten Noten meiner Brüder in der Klasse über und unter mir waren 5–6! Mein älterer Bruder stellte fest, dass ich eine Familienschande sei. Die Mutter vertröstete mich auf später, der Lerneifer werde schon noch kommen, der Vater nahm das Zeugnis, knallte es mit schallendem Gelächter auf den Boden, zischte sarkastisch: »Die Schulen sind die größten Verdummungsanstalten!«

Dabei hatte ich einen Heißhunger auf das Lernen und das Leben. Aber es schien außen an mir vorbeizugehen. Die Schule war der tägliche Beweis meiner Schande, meiner Nichtsnutzigkeit. Wie viele andere auch hatte ich so frühzeitig gelernt, dass ich im Leben nichts taugte, den Anforderungen nicht gewachsen war, während andere an mir vorbei vorwärtszogen und alles kapierten.

Das Schlimmste war, dass es von Lehrerseite bei jedem Zeugnis ermahnend hieß, dass ich eigentlich nicht unintelligent *wäre*! Ich rätselte hilflos am Wort *wäre* herum und sah keinen Weg, an meine nur im Konjunktiv vorhandene Intelligenz heranzukommen. Ich müsse halt nur wollen, hieß es. Aber eben das konnte ich nicht.

Der einzige wärmende Sonnenstrahl in meinen Volksschuljahren war mein ältester Bruder mit seinen hellen blauen Augen, der mir auf unserem langen Schulweg Geschichten aus Gustav Schwabs *Sagen des klassischen Altertums* (kein Schulstoff für Drittklässler!) erzählte. Ich sah auch die blühenden Löwenzahnwiesen rechts und links von unserem Schulweg, die blauen Sterne des Augentrosts, die maßlos eleganten, nach Safran duftenden wilden Tulpen zwischen den Reben, die klebrigen hellgrünen Schosse an deren Stöcken, gaukelnde Schmetterlinge, die ziehenden Wölklein. Eine tote Blindschleiche auf dem Teer der Autostraße, überfahren und platt gedrückt, und auf dem Heimweg von der Schule lag sie immer noch dort, und am nächsten Morgen noch immer. Und nachdem man nichts mehr von ihr sah, musste ich dennoch während Tagen immer auf den Fleck starren, wo sie gelegen hatte. In meiner Vorstellung wurde sie zwischendurch lebendig, schlängelte sich silbrig – und dann war sie wieder tot, vom Autoreifen niedergewalzt. Auf dem Weglein durch die Rebberge trat ich auf ein schön geringeltes Schneckenhäuschen, es brach krachend zusammen und entließ einen braunen Saft. Wieder eine Stelle des Grauens und der Faszination. Soll ich das Schneckenhaus umdrehen? Ich habe es liegengelassen, bis es allmählich unkenntlich und zu Staub wurde.

In der Schule fuhr der Zug ohne mich ab. Der Lehrer hatte mit dem Vater gesprochen. Das Kind träume, sei fahrig und undiszipliniert. Der Wagen mit mir wurde abgehängt, stehen gelassen. Der Lehrer hatte seine Pflicht getan.

Wie lernt man?

Die Frage beschäftigt mich noch heute und ist Teil der Motivation für dieses Buch: Wie lernt man eigentlich? Gibt es verschiedene legitime Lernverhalten oder nur einen einzigen, den anerkannten Bildungsweg? Wie erwirbt man sich das nötige intellektuelle und erfahrungsmäßige Lebenswissen, wie kommt man zu einem eigenen Lebensentwurf, wie gewinnt man Entscheidungs- und Urteilsfähigkeit, die für die Gestaltung des eigenen Lebens maßgebend sind?

Obwohl das heutige Leben noch individualisierter ist und uns in der pluralisierten Gesellschaft eine Fülle von Lebensmodellen zur Verfügung steht, ist ein autodidaktischer Bildungsweg noch immer ein Risiko. Begabung, innere Stärke, äußere Unterstützung und sehr viel Glück sind nötig, um nicht zu scheitern.

Hätte ich eine Rudolf-Steiner-Schule besuchen sollen? Ein Sonderweg. Ein kreativer, ganzheitlicher Bildungsweg, die gestalterischen und eigenständigen Kräfte der Schüler mit einbeziehend. Ich weiß nicht. Rückblickend scheint mir, dass die hundsgewöhnliche Volksschule und die Gelassenheit meiner Eltern gegenüber meinen mangelnden Fortschritten meinen wildwüchsigen Kräften doch ziemlich viel Freiraum geboten haben.

»Das Kind hat eine rasche Auffassungsgabe«, hörte ich einmal jemanden sagen, das bedeutete wohl, dass ich am Schluss einer verträumten Schulstunde doch noch schnell aufgeschnappt habe, um was es ging, was man tun musste ... So hangelte ich mich von Klasse zu Klasse, denn »sitzen bleiben« wollte ich auf keinen Fall, daran erinnere ich mich genau, schon deshalb nicht, weil ich die Ehre meines ältesten hochbegabten Bruders nicht beflecken wollte. So habe ich traumwandlerisch den Pflichtstoff doch einigermaßen bewältigt, wenn auch als einen Fremdkörper, mir irgendwie nicht gehörend. Erst später, in Verbindung mit meinen persönlichen Fragen, habe ich ihn mir zu eigen gemacht. Auf der Durststrecke bis dorthin war ich allerdings häufig von Disqualifikationen bedroht.

Ich allein auf abseitigen Pfaden: ein Lebensgefühl, das mich auch später kaum je verließ. Selbstverunsicherung und Selbstzweifel gehören dazu. Menschen, die nicht sind wie andere, neigen dazu, diese Andersartigkeit provokativ zu betonen, um damit Ablehnung und »Zurückweisung auf den einsamen Pfad«

erneut zu provozieren und sich damit ebenso zu bestrafen wie zu bestätigen. Ich glaube, dass dies auch bei mir mitgespielt hat.

Ich habe mich oft in eine Falle des Versagens manövriert, z.B. bei schulischen Prüfungen oder später bei offiziellen Bewährungsproben in meiner beruflichen Tätigkeit. Ich habe nicht selten bei öffentlichen Auftritten unnötige Blößen gezeigt. Trotzdem bin ich nach und nach in verantwortliche Positionen gelangt.

Mit dem Alter rundet sich vieles, was früher in Bruchstücken herumlag, die sich nicht recht zusammenfügen lassen wollen. Heute erklärt sich mir manches, was früher Selbstzweifel auslöste. Heute fühle ich mich nicht mehr als Paria, sondern nur als Einzelgängerin, die diesem Weg auch Spaß, Freude und sogar Erfolg abgewonnen hat.

Der Titel meines letzten Buches: »Das Glück der späten Jahre«, trifft auf mich in hohem Maße zu. Sich endlich selbst annehmen zu können, ist einer der kostbarsten Gewinne des Alters!

Schule und Leben

Wie gelangt das Wissen über die Welt, das Wissen über mich selbst zu mir?

Als ich als Dozentin für Sozialarbeit vor Klassen von Erwachsenen stand, hatte ich immer den Impuls, in die vor mir sitzenden Menschen hineinzuhorchen, um zu wissen, in welchen Lernprozessen sie gerade unterwegs waren. Diese sind nämlich nicht identisch mit dem Stundenplan. Manchmal lagen starke gruppendynamische Spannungen in der Luft, gelegentlich hieß die unausgesprochene Klassenstimmung auch: Wir streiken. Und dann hat jeder noch die eigenen Sorgen, in die er verstrickt ist. Wenn die Lernfenster aber nicht offen sind, kann man lange Schulbetrieb nach Konzept veranstalten, es kommt nichts an. Die hilfreiche Methode der themenzentrierten Interaktion nach Ruth Cohn, mit der Devise: »Störungen haben Vorrang« hilft, Blockierungen und Belastungen rasch anzusprechen. Schon dadurch entschärft sich die Spannung und ohne die Ursachen der Störungen zu behandeln und nach Lösungen zu suchen, kann man diese Hindernisse zur späteren Erledigung irgendwo deponieren, damit das Terrain frei wird zur Behandlung des vorgesehenen Stoffes. Die Methode geht davon aus, dass man nicht jederzeit aufnahme- und lernfähig ist und ich habe erlebt, dass sich Studierende schon dadurch dem Stoff besser zuwenden konnten, dass man ihnen dies kommunizierte. Der Zeitaufwand zur Klärung von Störungen wird, macht man es richtig, bei weitem aufgeholt durch das nachfolgende offene und motivierte Lernklima.

Es gibt Lernende, die sich weder im Frontal-Unterricht noch beim sogenannten »autonomen Lernen« besonders hervortun, weil sie doppelspurig fahren. Sie vernetzen das, was abgehandelt wird, mit ihren inneren Fragestellungen, was freilich oft nur möglich ist, wenn sie selektiv vorgehen. Durch die Doppelspurigkeit wird das Lerntempo langsamer, es gibt Sequenzen, wo der Lernende im Unterricht sitzt, als wäre er gar nicht da, als würde er dösen. In Wirklichkeit ist bei ihm ein inneres Bergwerk in Betrieb. Bei diesen Studierenden sind Erfolge oft später sichtbar als bei rein kognitiv Lernenden, dafür ist aber die zugelegte Bildung besser in die Persönlichkeit integriert. Auf diese Weise werden Menschen belastbar und richten ihre Fahne später nicht nach jedem Wind. Auch wenn solche Studierende nicht alles fressen, was wir ihnen vorsetzen, so begnügen sie sich auch nicht mit modischen Protesthaltungen, sondern löchern uns mit Rückfragen, die uns selbst zu Lernenden werden lassen. Darum hatte ich sie besonders gerne und habe ihnen die Stange gehalten, wenn sie von Disqualifikation bedroht waren. »Sie sind an der Hefe«, dachte ich, »hoffentlich geht sie schön auf, kommt kein kalter Luftzug dazwischen.« Wenn Lehrpersonen hartnäckig fragende und dem Courant normal nicht folgende Studierende als verbockt, arrogant, lernunwillig oder einfach als »schwierig« beurteilen (in Sozialarbeitskreisen wird gerne pathologisiert), schließen sie oft die besten Kräfte aus.

Ans Vorhandene anknüpfen

Als ich zum Aufnahmegespräch für die Ausbildung an der Schule für Sozialarbeit Zürich der Rektorin gegenübersaß, mochte ich sie sogleich nicht. Sie trug ihr Haar streng gescheitelt, eine lachsfarbene hochgeschlossene Bluse aus changierender Seide mit frivolen Volants um einen schlecht korsettierten Busen, einer Mischung aus Zugeknöpftheit und vager Grande Dame. Die Abneigung muss gegenseitig gewesen sein, denn ich kriegte sogleich zu hören, dass die Schule gemäß ihrer jetzigen Ausrichtung Arbeiterkindern als Absolventen den Vorzug vor Pfarrerstöchtern gebe. Außerdem stellte sie mit erhobener Stimme klar, dass christlich interpretierte Fürsorge der Vergangenheit angehöre, die Zürcher Schule sich dem Geist der Aufklärung und den allgemeinen Menschenrechten verpflichtet fühle, fortschrittlich ausgerichtet und nach wissenschaftlichen Kriterien zu arbeiten bemüht sei. (Später stellte sich heraus, dass die Schule damals eine durch und durch bürgerliche war. Die Rektorin war selbst eine Pfarrerstochter und ihre Kolleginnen kamen größtenteils auch aus christlich geprägten Häusern. Absolventinnen und Absolventen aus Arbeitermilieus kamen zwar vor, aber mir wäre nicht aufgefallen, dass sie besonders gefördert worden wären, im Gegenteil, und nur ganz Verwegene unter ihnen wagten es, ihre milieuspezifischen Ressourcen offen zu gebrauchen und zu verteidigen.) Ausbildungsstätten für Sozialarbeit sind ideologieanfällig und ich habe bei mir und später bei vielen meiner Studierenden beobachtet, dass sie schon während der ersten Ausbildungsmonate den Boden unter den Füßen zu verlieren drohten, weil ihre Prägung nicht zu der gerade vorherrschenden Werthaltung passte. Ressourcen, die aus einem Migrationshintergrund oder aus Armutserfahrungen stammen, Prägungen durch eine christliche oder sozialistische Erziehung, hie und da auch eine geistige und kulturelle Mitgift aus einem vermögenden leistungs- und karriereorientierten Elternhaus, das alles droht im Schmelztiegel einer gerade vorherrschenden Ideologie unterzugehen, der man sich zumindest oberflächlich anpasst. Das trägt nicht zu einem Wachstum der Persönlichkeit bei.

Mit ihrer abwertenden Bemerkung schlug mir die Rektorin gewissermaßen den Kompass, der mich in diese Schule geführt hatte, aus den Händen. Dabei hatte sie natürlich recht, wenn sie vermutete, es fehle mir an Weite des Horizonts. Es wäre gut gewesen, sie hätte mir noch einige Jahre Welterfahrung verordnet. Ich bin sehr jung und mit nur wenigen Erfahrungen außerhalb des Elternhauses in die Ausbildung eingetreten. Dass ich trotz dürftigen Vorerfahrungen aufgenommen wurde, musste ich beinahe als Gnade empfinden. Nach einer Entwertung lernt man schlecht. Lernen und Wachsen sind abhängig von innerer und äußerer Akzeptanz. Das verschlossene Bündel mit Ressourcen und Problemen meines Elternhauses musste ich gewissermaßen versteckt halten. Dabei hätte ich hier Hilfe und Aufklärung gebraucht.

Aus all diesen Gründen habe ich an der Schule nur äußerst selektiv gelernt, meine Lernfenster öffneten sich nur sehr partiell.

Lehrerinnen und Lehrer

Es gab einen theologischen Dozenten, einen interessanten Mann, einen Grübler. Ich sah, dass er sich mit Rissen im kirchlichen System befasste. Nur mit Rissen? Es faszinierte und fröstelte mich zugleich. Wir lasen von Max Picard *Hitler in uns selbst* und von Manès Sperber *Wie eine Träne im Ozean*. Ich stand wie in einem Garten und schaute von weither über einen Zaun in ein fernes Land, das mich anzog, aber es gab keine Tür, um hineinzukommen.

Der Dozent war ein veritabler Universitätsprofessor, klein, vital, mit Goldkette über dem Bäuchlein und vergnügten Äuglein. Er sprang hin und her, hinter sich die an der Wandtafel aufgespannten Erdteile, und dozierte uns Wirtschaftsgeschichte, seine kurzen Beine wechselten von Kontinent zu Kontinent und sein Stöcklein zeigte: Kohle, Weizen, Kupfer, Gold. Handelsströme flossen hin und her und der muntere Professor als Steuermann obenauf. Aber ich entdeckte keinen Bezug zu mir.

Ein in sich zusammengekauerter, kränklich wirkender Gelehrter verbarg sich hinter Stapeln von Papier und Büchern, zog aus seiner Mappe laufend neue Handnotizen, lehrte uns Sozialgeschichte, aber seine Haltung war so, dass er es von vornherein für aussichtslos hielt, dass wir kapierten, was der Sinn der Sache war. Gelegentlich sah er auf und fixierte vor allem eine von uns, eine hochgewachsene, schmale Blonde. In ihre Richtung ließ er irgendeine bissige Bemerkung fallen, im Sinne von »Kapitalisten haben davon natürlich keine Ahnung«. Ich wusste nicht, was er damit sagen wollte und die Blonde schaute abwesend vor sich hin. (Sie war die Tochter des Verwaltungsratspräsidenten eines schweizerischen Großkonzerns und der Dozent ziemlich sicher der einzige Sozialist im Lehrerkollegium.) Als seine Anwürfe nicht aufhörten, schützte sich die Blonde, indem sie heimlich das unter dem Pultdeckel verborgene Strickzeug in Bewegung setzte.

Eine stramme, sehr propere Ärztin erteilte uns Hygieneunterricht, eine typische Vertreterin der eher prüden Zürcher Frauenbewegung. Bei mir klang nichts an. Weit sympathischer war die Kinderpsychiaterin, eine Pionierin ihres Faches und von einiger Berühmtheit, eine kleine, dralle, irgendwie kindhaft wirkende Person, die man nur »Meiti« nannte. Sie stellte ihre bauchige Handtasche auf den Tisch, brachte ihre verrutschte Bluse in Ordnung, blies sich die Locken aus der Stirn, puderte die Nase und erzählte mit Herzblut von den Schädigungen, die benachteiligte Kinder vor allem bei langer und schlechter Heimversorgung (Hospitalismus) und in der Gesellschaft überhaupt erleiden. Sie sprach leidenschaftlich und wenn sie ein Fallbeispiel brachte, war es, als würde sie das entsprechende Kind fest an ihren auf- und abwogenden Busen drücken. Sie sparte nicht mit Anfeindungen gegenüber Institutionen und Behörden und beklagte sich ebenso über die Anfeindungen, denen ihre Lehre und sie selbst ausgesetzt waren. Ich ging gerne in ihre Stunden, es war wie im Theater und alles, was diese bemerkenswerte Pionierin vorbrachte, war bewegend und berührte meine innere Motivation. Es gab also einen Anknüpfungspunkt und wenn ich ihre Stunde verließ, schlenkerte ich vergnügt meine Mappe. Ja, genau diesen Beruf wollte ich erlernen!

Ein wortgewaltiger Jurist und Fachmann im Vormundschaftswesen, ein Mann mit käsigem Gesicht und spöttischem Ausdruck, brachte lauter Fälle, in denen behördlicherseits fast alles schiefgelaufen war, sarkastisch und zynisch erteilte er seine Zensuren an dieselben, nur ab und zu kam raus, dass er eigentlich lieber in einem Zirkus gearbeitet hätte, anstatt als Beamter stets gegen dieselben Windmühlen anzukämpfen. Da überzog dann ein sympathisches Lächeln sein Gesicht und die Liebe zu den Schwachen und Geplagten wurde für einen Moment sichtbar. Mit der Zeit wurde er mir immer lieber und seine Zuwendung zu den Rechtlosen und Nicht-ernst-Genommenen (bei ihm waren es stets sehr originelle Menschen) wurde mir glaubwürdiger, je mehr er sich damit zurückhielt. Immerhin jagte es mir einen Schauer den Rücken hinunter, als ich erkannte, was für eine kalte Außenhaut sich da einer zulegen musste, um lebenslänglich die innere Wärme für seine Schutzbefohlenen nicht zu verlieren. Diese »zwischen den Zeilen« aufgenommene Botschaft war eine wichtige Lernerfahrung für mein späteres Leben.

Der alte Psychiater und Chefarzt einer Klinik war wie die Ruhe selbst und berichtete langsam und mit anteilnehmender Stimme von seinen Patienten, versuchte, uns die Unterschiede der verschiedenen psychiatrischen Krankheitsbilder beizubringen, hob aber dabei zitternd seine Hände und meinte: »Aber das steht alles nicht fest, das Einteilen von Menschen in Kategorien ist immer problematisch ...« Diese Vorsicht und Behutsamkeit in der Diagnostik, seine bescheidene und zurückhaltende Art vermittelte Respekt vor den Individuen in seiner Klinik. Vielleicht verdanke ich es ihm, dass mir in der Praxis die Psychiatrie-Patienten immer am liebsten waren. Seine Fürsprache für die Unverstandenen ist mir geblieben, auch sein Eintreten für die, welche unter dem Sammelbegriff »Psychopath« figurieren. »Diese Menschen müssen wir einfach gern haben«, rief er, »sie sind klinisch schlecht zu erfassen. Oft können sie sich selbst am besten helfen, da sie nach ganz eigenen, nur ihnen bekannten Gesetzen funktionieren. Was wir tun können? Ihnen keine Knebel zwischen die Füße werfen, sie wohlwollend begleiten und, wenn sie wieder mal am Ende sind, ihnen mit Sympathie und Humor eine Hand entgegenstrecken.« Diese Lehre habe ich später beherzigt und bestätigt gefunden.

In der Methodik diskutierten wir Fälle aus Gettos in Chicago, sie wurden uns auf schlechter Blaupause verteilt. Die Dozentin, eine ungeheuer energievolle Frau, hatte das Casework, eine auf den Erkenntnissen der Tiefenpsychologie beruhende Methode der Einzelfallhilfe, aus Amerika herübergebracht und versuchte, sie gegen enorme Widerstände der traditionellen Heimerziehung und kirchlichen Vorständen von Sozialinstitutionen in der Schweiz einzuführen.

Später lernte ich diese Lehrerin als eine unerschrockene und hartnäckige Kämpferin für die Rechte derer, die untendurch müssen, kennen und schätzen. Aber während der Ausbildung wehrte ich mich gegen sie. Die Art und Weise, alles, was einem Menschenkind geschieht, auf sein Herkunftsmilieu und die Gesellschaft zurückzuführen, weckte meinen Widerstand. Für mich war die Frage nach der eigenen Schuld, der eigenen Verantwortung ungelöst. »Schuld« war jedoch ein Stichwort, das im Zusammenhang mit dem Klienten damals absolut tabu war, es gehörte der grauen Vorzeit des Sozialwesens an. Aus ebendieser schien ich aber zu kommen, das spürte ich dumpf. Die Methodelehrerin und ich hatten uns inzwischen so aggressiv ineinander verhakt, dass ich anfing, die Stunden zu schwänzen und stattdessen in der Uni Vorlesungen zu besuchen, die mein Menschenbild klären sollten. (Über diesen Begriff verfügte ich damals allerdings noch nicht, meine Klärungs-Sehnsucht war ganz schwammig, ließ sich nicht in Worte fassen.) In mein Tagebuch schrieb ich, dass ich an der Uni Wissen holen wollte über »was der Mensch ist und wohin er will oder wollen soll«. Das war natürlich naiv und meine Lernschwierigkeiten waren an der Uni genauso vorhanden wie überall sonst. Immerhin haben mir Vorlesungen über Philosophie, Kulturgeschichte und ein theologisches Seminar über den Heidelberger Katechismus (»Was ist mein einziger Trost im Leben und im Sterben?«) eine Ahnung darüber verschafft, wonach man sich ausstrecken könnte, um besser ins Reine zu kommen.

Außerdem hatte ich diese Lernschritte selbst organisiert im Bemühen, an meine eigenen bohrenden Fragen besser heranzukommen.

Den eigenen Lernpfad finden

Meiner Klassenlehrerin war mein Versuch, mir Grundlagen der klassischen Bildung anzueignen und dafür Pflichtfächer der Schule zu schwänzen, nicht entgangen. Natürlich konnte sie dies nicht gutheißen. Sie tat aber mehr oder weniger so, als hätte sie nichts gesehen und signalisierte mir damit, dass sie Verständnis für meine Suchbewegungen hatte, wofür ich ihr noch heute dankbar bin. Sie war ein freier Geist, nur wenige Jahre älter als ich und stammte, anders als ihre Kolleginnen in der Schulleitung, aus einem religionsfernen, sehr gebildeten Elternhaus. Sie lebte für Ideale der Aufklärung, Freiheit und Gerechtigkeit, dazu gehörte wohl auch das individuelle sich Aneignen von Bildung, das autonome Lernen. Als ich kurz nach Beendigung der Ausbildung psychisch zusammenbrach und mehrere Erlebnisse mich an meiner Eignung für den Beruf zweifeln ließen, stand sie mir in einer unsentimentalen, unzweideutigen Haltung bei, zeigte mir, dass sie daran glaubte, dass aus mir etwas werden könne, vermittelte mich mutig an eine Sozialarbeitsstelle, von der sie annahm, dass sie mir guttue, obwohl sie damit ein Risiko übernahm. So etwas vergisst man sein Leben lang nicht.

Helfen bedeutet beherztes Wagen für einen andern, denn es kann auch schiefgehen.

Mit halb geschlossenen Augen rutschte ich also durch die Ausbildung und füllte mich mit außerschulischem Lesestoff: Kierkegaard, Pascal, Montaigne, Simone Weil, Bonhoeffer, Gollwitzer, Anne Frank, Jochen Klepper, Böll. Im Theater sah ich Frischs *Andorra*, Kleists *Penthesilea* mit Maria Becker, Dürrenmatts *Alte Dame* und *Frank V.*, ich huschte, anstatt in die Schule zu gehen, ins Kino (ins wunderschöne Studio 4 – wo sind heute diese inspirierenden Kinosäle hingekommen?), sah *La Strada* und überhaupt alles von Fellini und Pasolini. Fellini ist bis heute mein großer Favorit unter den Filmemachern der letzten Jahrzehnte geblieben.

Bücher als Wegweiser

Bücher sind für mich immer Begleiter und Führer gewesen, sie standen mir während der ganzen Praxisjahre als Wegweiser, Brotsack und Schutzschild zur Seite. Ich habe während vieler Jahre meine tägliche Arbeit im Büro mit einer halben Stunde Lektüre begonnen. Zu diesem Zweck erschien ich etwas früher, streifte jedoch den Schreibtisch und die Agenda mit keinem Blick, sondern setzte mich ans Fenster und ging lesend für eine Weile in mich. So las ich z. B. C.G. Jung (sämtliche Werke!), *Elemente und Ursprünge totaler Herrschaft* von Hannah Arendt und viele andere Werke dieser bedeutenden Denkerin, so z.B. den

Briefwechsel mit Jaspers und die Schilderung ihrer lebenslänglichen Freundschaft mit Heidegger, die Geschichte ihrer haarsträubenden Isolation nach ihrem Bericht über den Eichmann-Prozess. Von dieser Frau habe ich gelernt, was wahre innere Unabhängigkeit bedeutet! Beruflich wichtig war mir Paulo Freires *Pädagogik der Unterdrückten*, Erich Fromms *Anatomie der menschlichen Destruktivität* und John Rawls *Theorie der Gerechtigkeit*. Stets dabei war auch die Bibel, in der Schublade meines Schreibtischs, jederzeit griffbereit.

Währenddem ich las, reduzierte und klärte sich, ich weiß nicht wie, das Durcheinander meiner scheinbar unbewältigbaren Tagesgeschäfte zu einem Pensum, das in meinem Zeitplan Platz fand. Ich habe Überstunden immer als problematisch angesehen. Distanz nehmen, die innere Ordnung herstellen, bewirkt ganz von selbst, dass sich die Orientierung auch im Äußern herstellt, Prioritäten auszumachen sind, Überflüssiges erkennbar wird, Aufgebauschtes realistische Dimensionen annimmt.

Seit eh und je herrscht in unserem Beruf, vor allem in der Ausbildung, ein Streit zwischen Theorie und Praxis, zwischen Kopf- und Bauchorientierung. Mich nervt dieses Gerede, als ob es um ein Entweder/Oder ginge. Die Praxis ist ein ganz großes Lernfeld, aber ohne Theorie, ohne fachliche und allgemeinbildende Grundlagen geht man verloren, zur Vertiefung dessen, was man erlebt, gehört auch die Dichtung, die Kunst (meine Basler Praxisjahre sind für mich undenkbar ohne die wöchentlichen Besuche bei Dürer und Holbein, Chagall und Picasso, den Impressionisten im Basler Kunstmuseum, ohne die Konzerte und Opern).

Eine Sozialarbeiterin muss vor allen Dingen ein denkendes, ein überdenkendes Wesen sein. Denn Stoff dazu erhält sie durch ihr Wissen, ihr Wahrnehmungsvermögen, das, was sie fühlt, und dadurch, wie sie sich einfühlt.

A fonds lernt und verändert man sich vermutlich nur »live«.

Im Leben lernen

In meinem letzten Ausbildungspraktikum ermöglichte mir meine Praktikumsleiterin etwas Wesentliches. Indem sie die in mir drängenden Fragen verstand und akzeptierte, half sie mir, eine Brücke zu einer Neu-Orientierung zu schlagen.

Die weißhaarige Frau hatte sich einen Namen gemacht, weil sie, als eine der Ersten in ihrer Praxis, die Methode der vertieften Einzelfallhilfe praktizierte. Ich, aus einem Haus kommend, wo individuelle Bedürfnisse und Entwicklungen von neurotischen Schuldängsten niedergeknüppelt wurden, staunte darüber, wie meine Praktikumsleiterin auf ihre Klienten einging und mit welchem Respekt sie sie behandelte. Da war nichts von herablassender Besserwisserei oder überheblicher Moralisiererei, sie nahm die Leute ernst und zeigte Mitgefühl.

Anstatt wie in traditionellen Konzepten üblich ungeniert die klassischen Autoritätspersonen wie Pfarrer, Lehrer oder Arbeitgeber zu konsultieren und die Klienten nach deren Urteilen einzuschätzen, ging sie davon aus, dass diese die maßgebendste und lösungsfreundlichste Quelle für die Besserung ihrer Situation darstellten. Ihre christliche Grundhaltung war ihr dabei nicht im Weg, sondern blieb, im Gegenteil, das Fundament ihres Tuns.

Genauso, wie sie es mit ihren Klienten hielt, ging meine Lehrmeisterin auch auf mich, ihre Praktikantin, ein. Sie muss meinen Widerstand gegen die neuen Lehren sofort gespürt haben, aber sie kämpfte nicht dagegen an, sondern wollte wissen, was los war. Sie akzeptierte mich, half mir, wo ich mich nun schrittweise dem Konflikt mit meinen anerzogenen Werten öffnen konnte.

Ich sollte mich jede Woche einen halben Tag im Haushalt einer kinderreichen, zerrütteten und fürsorgeabhängigen Familie nützlich machen, die in einer Sozialwohnungssiedlung untergebracht war.

Schon im Treppenhaus war alles trostlos: ein wackliges Geländer, überall Kleider und Schuhe verstreut. In der Wohnung ein Chaos. Irgendjemand lag stets auf dem Diwan. Ich suchte im Wäschehaufen nach zerrissenen Strümpfen (es waren vorwiegend weiße Socken), las unter den Betten die schmutzige Wäsche zusammen und tauchte sie in die Seifenlauge. Die Hausfrau saß unterdessen apathisch auf dem Sofa und betrachtete ihr offenes Ekzem am Bein, zerdrückte ihre Zigarette auf einem Kuchenteller und beklagte sich über den Mann, der wieder stockbesoffen nach Hause gekommen sei. Aus der Schürzentasche zog sie eine Mahnung einer Wäschefirma, bei der sie auf Abzahlung eine Bettwäsche-Garnitur bestellt hatte. Sie öffnete das Türchen des Buffets und zog die Pracht heraus: lauter Rosen auf satingestreiften Kissen- und Bettbezügen. Ihre Augen leuchteten. »Einmal muss man auch etwas haben …« schwärmte sie mit um Entschuldigung bittenden Augen, als sie meinen vorwurfsvollen Blick sah.

So eine Schlamperei! Hier fehlte es offensichtlich am Willen, sich anzustrengen! Und dies teilte ich dann meiner Praktikumsleiterin nach Rückkehr ins Büro mit, nicht ohne zu erwähnen, dass in der Wohnung überall Süßigkeiten herumlägen, wohingegen ich und meine vielen jüngeren Geschwister als Einzige des Dorfes barfuß und nicht in weißen Socken zur Schule gegangen waren und Schokolade bei uns eine Seltenheit war. Man könne doch die Leute nicht einfach so machen lassen!

Sie gab mir in Bezug auf die »Diagnose« recht, nicht aber, was den mir vorschwebenden »Hilfsplan« betraf, die Familie tüchtig an die Kandare zu nehmen. Sie wies darauf hin, dass die »Schlamperei« dieser Leute Folge ihrer fortgesetzten Demütigung und Entwertung, einer Geringschätzung ihrer Möglichkeiten und einer Vorenthaltung der ihnen zustehenden Rechte sei. Sie moralisch erneut zu demütigen, sei darum nicht der Weg, um ihnen aus dem Schlamassel zu helfen, vielmehr sei es die Kunst des Helfens, durch Anteilnahme und berufliches Know-how denjenigen Motivationsstrang in ihnen zu erwischen, wo sie an sich selbst zu glauben und sich zu fordern erlernen konnten.

Was für ein mühsamer Weg! Und wie war es mit der Anerkennung der eigenen »Schuld«, der Einsicht in dieselbe und der Bereitschaft zur Umkehr, Kardinaltugenden im Erziehungskatalog meiner Eltern? Darüber konnte ich mit meiner Lehrmeisterin reden, sie ging darauf ein, nahm mich ernst und meine Lernfenster öffneten sich. Meine eigene Motivation, etwas Neues zu lernen, nahm zu – also hatte sie recht mit ihrer Theorie!

Meine Praktikumsleiterin gab mir zu bedenken, dass es für Pfarrerskinder ein Leichtes sei, nicht genau dasselbe zu haben wie alle andern, da sie in der Schule sowieso eine Sonderstellung haben und mit meist guten Zeugnissen dominieren, während diejenigen, die aus berüchtigten Sozialwohnungssiedlungen kommen und in der Schule schon zweimal sitzen geblieben sind, alles Interesse haben, wenigstens äußerlich gleich viel zu gelten wie alle andern.

Ich lernte, den blumenübersäten Bettbezug nicht einfach zu verurteilen, sondern den Sehnsuchtsschimmer in den Augen der Klientin zum Anlass zu nehmen, sie erzählen zu lassen. Das war der Anknüpfungspunkt, um zu überlegen, ob es die kostbare Bettwäsche, auf der sich dann die Folgen der Alkoholexzesse des Mannes entleerten, es nicht verdient hätte, zusammen mit ihr selbst und den Kindern an einen besseren Ort zu kommen. Es dauerte allerdings, bis sie sich von ihrem Mann, einem notorischen Trunkenbold und Schläger, trennen konnte, bis sie sich das, was sie mit der Bettwäsche erträumt hatte, zutraute, bis ihre Selbstverachtung einer zuversichtlicheren Selbsteinschätzung gewichen war. Und von da an ging sie Schritt für Schritt weiter, gestützt durch viele Gespräche, in denen sie sich wertgeschätzt fühlte, und begleitet von sachlichen Hilfestellungen beim Bewältigen des Papierkrams und den Forderungen von Arbeitgebern und Behörden. Am Ende eines langen Prozesses meinte sie: »Ich muss mich jetzt nicht mehr schämen.«

Vom Scheitern lernen

Eine Schülerin lernt in der Praxis oft mehr von ihren Lehrpersonen, wenn sie nicht nur deren Paradestücke vorgeführt bekommt, sondern auch Einblick in ihr Scheitern erhält.

Eines Morgens kam ich dazu, wie meine Lehrmeisterin erregt im Büro herumschoss, hin und her rannte und mit erhobenen Händen mehrmals vor sich hin murmelte: »Der hat mich bös' verseckelt!«

Nach mehr als fünfzig Jahren sehe ich die verehrte Frau noch vor mir, wie sie zuerst wutentbrannt die Fäuste in die Luft reckte und dann verzweifelt über ihrer Schreibmaschine zusammenbrach. Wie war sie getäuscht und hintergangen worden! Sie hatte einem Mann in einem langen Beratungsprozess geholfen, er hatte sich sehr stabilisiert und schien auf bestem Weg. Da hatte sie ihm ein Darlehen gewährt, war bis ans Limit ihrer Kompetenzen gegangen – und nun hatte er sich abgesetzt, war spurlos verschwunden, hatte ihr Vertrauen schändlich missbraucht. In ihr rumorte es. Ich sah deutlich, wie zwei Impulse in ihr kämpften: zum einen, den Mann abzuschreiben und sich indirekt an ihm zu rächen, indem sie ihre Haltung gegenüber andern Klienten änderte nach dem Motto: Jetzt ist Schluss, jetzt wird durchgegriffen! Solche Zwischenfälle werden häufig zur Nagelprobe für Helfende. Unter dem Hohngelächter derjenigen, »die es ja schon immer gesagt haben«, kehren manche ihren besseren Grundsätzen den Rücken und schwenken um zu einer repressiven, von Misstrauen geprägten Haltung gegenüber ihren Schutzbefohlenen. Die erfahrene Sozialarbeiterin in meinem Praktikum aber folgte dem anderen Impuls. Sie analysierte sorgfältig, was geschehen war, und erkannte ihre Fehler, wozu z.B. gehörte, dass sie das Darlehen ohne das Beiziehen einer Drittperson gewährt hatte.

Bis heute ist mir die Lehrmeisterin Vorbild, wie sie mich mit ihren intelligenten, lebhaften Augen anschaut und sagt: »Diese Gratwanderung zwischen Vertrauen und berechtigtem Zweifel muss man ein Leben lang üben, aber es darf nie dazu kommen, dass uns Niederschläge vom Grundvertrauen gegenüber den Menschen abbringen, denn gerade das ist die Ursache von sehr viel Gewalt und Zerstörung!« An diesem Satz bin ich gewachsen, ich habe ihn nie vergessen.

Von Jungen lernen

In der eigenen Praxis haben mir auch meine Praktikanten, junge Studierende in der Lehre, viel beigebracht. Sie sind noch nicht abgestumpft, sehen das Unrecht häufig schärfer als die Etablierten, die sich an den *Courant normal* gewöhnt haben.

Ich erinnere mich an ein junges Heißblut. Der Mann arbeitete bei mir im Jugendstrafvollzug. Empört kam er zu mir ins Büro gerannt, nachdem er einen Halbwüchsigen, der für einige Tage im Bezirksgefängnis festgehalten wurde, besucht hatte. Er schrie mich an: »Kannst du dir vorstellen, was in solchen Menschen, noch halben Kindern, vorgeht? Du bist jung, hast noch nichts geleistet, verfügst noch über keine eigene Identität, hast Angst vor dem Leben, und dann hockst du in einer Zelle, rundum Stille und von außen hat jemand den Schlüssel im Schloss gedreht! Vielleicht hast du überhaupt noch nie außer Haus genächtigt, hast noch Heimweh nach den Eltern, obwohl du ihnen davongelaufen bist! Jawoll, die weinen nach der Mutter, ich kann dir sagen, die haben Angst, Angst! Die Außenwelt ist nichts als Feindschaft, die sehen nichts mehr vor sich!« Für mich war diese Sicht doch ziemlich übertrieben, ich hatte diese Bengel kennengelernt als ziemlich durchtriebene Kerle, frech und respektlos. Und die sollten weinen, Heimweh nach der Mutter haben?

Ich glaube, ich habe den sich revolutionär Gebärdenden damals in die Schranken gewiesen, aber er war sehr hartnäckig und hörte während der ganzen

Monate, die er bei uns arbeitete, nicht auf, das geltende Jugendstrafrechtsgesetz anzuprangern. Einmal verließ er nach einem Gespräch mit mir über dieses Thema so wütend das Büro, dass er auf dem Heimweg seine Kleider auszog und nackt ein Stück weit durch die Stadt spurtete (es waren die 70er-Jahre und das sogenannte »Flitzen« ein Sport der Generation der »Blumenkinder«. Das zog dann eine polizeiliche Recherche gegen ihn nach sich).

Trotz der Übertreibungen und der Autoritätsprobleme, die bei dem jugendlichen Helfer noch vorhanden waren, hatte er mir die Augen geöffnet und mich dazu gebracht, besser hinzuschauen, was in den Zellen los war. Vielleicht hatten sie an einer Demonstration tüchtig Tränengas erwischt und lagen nun halb ohnmächtig in einer Zelle, die abgeriegelt war und in die von außen kein Ton der Zivilisation mehr drang, kein beruhigendes Quietschen eines Trams, kein Schlagen einer Turmuhr. Nach dem Gespräch mit meinem Praktikanten habe ich sie gesehen, die Furcht in ihren Augen. Ich konnte mir den üblichen Akteneintrag »ist weiterhin verstockt« sparen und ließ mich ein auf die Situation.

Isolierende Tendenzen im Strafvollzug, z.B. ein Knast, in den von außen keine Töne des »normalen Lebens« mehr eindringen, abgesehen von einigen Elektronik-Geräuschen gespenstische Stille herrscht, kann für die innere Sicherheit der Strafgefangenen verheerende Folgen haben. Die Übermacht der Welt der Erwachsenen legt sich wie eine Betonplatte auf die Seele von Halbwüchsigen. In ihrer Renitenz und in ihrer Gewalttätigkeit nehmen wir sie als stark und bedrohlich wahr, mein Praktikant zeigte sie mir als furchtsam, heimwehkrank und ängstlich.

Viele Jahre später, während der Jugendunruhen der 80er-Jahre, ich war Dozentin an der Schule für Sozialarbeit in Bern, erstellte die Konkordatskommission des schweizerischen Jugendstrafvollzugs in einer Art Panik ein Konzept zur Einrichtung von mehreren auf die Schweiz verteilten Jugendstrafanstalten! Das Pilotprojekt dieser Serie sollte im Kanton Bern entstehen. Gegen das Vorhaben erhob jedoch ein junger Sozialpädagoge Einspruch.

Ich fand die Idee einer flächendeckenden Absicherung der Schweiz mit Jugendknastplätzen eine kurzsichtige und hilflose Überreaktion auf die Unruhe der Jugend und unterstützte das Referendum aktiv. Ich erinnerte mich an die Halbwüchsigen, die beim Öffnen der Zellentür wie ein Schatten auf ihrer Pritsche zusammengekauert lagen und kaum reagierten, wenn man sie ansprach. Andere hämmerten stundenlang mit ihren Fäusten gegen die Zellentür, weil sie das Eingesperrtsein nicht aushielten. Es waren ja viele ausländischer Herkunft, stammten aus Traditionen mit großer Familienabhängigkeit, Italiener, Portugiesen, Türken. Wenn sie auch zu Hause abgehauen waren, das Alleinsein hielten sie trotzdem nicht aus.

Das Referendum gegen die Jugendknäste war erfolgreich, brachte die Vorlage zu Fall. Nach diesem Ausgang wurde das schweizweit geplante Konzept stillschweigend begraben. Ich erhielt vom Vorstand der Schule für Sozialarbeit eine Rüge wegen unloyalen Verhaltens gegenüber meiner Arbeitgeberinstitution, die vom Kanton mitgetragen wurde. Ich bekam auch eine Vorladung vom zuständigen Regierungsrat, der das Scheitern seines Projekts als eine persönliche Niederlage empfand. Zum Glück mochte ich ihn gut.

Der Zwischenfall hatte keine Folgen für mich, außer dass ich als »Wiedergutmachung« dazu verknurrt wurde, in der Kommission mitzuarbeiten, die nach dem Scheitern des Projekts Mittel und Wege finden musste, um mit renitenten Jugendlichen, die überall davonlaufen und gemeingefährlich sind, fertig zu werden. Nach mühsamen Sitzungen und monatelangen Diskussionen pro und contra Einschließen war plötzlich ein Plan da (der fix und fertig bereits vor der Abstimmung in einer Schublade der regierungsrätlichen Büros geruht hatte!). In einem bestehenden, gut geführten offenen Heim wurden einige geschlossene Zellen eingebaut für die wenigen Fälle, bei denen der Einschluss von jungen Menschen unabdingbar ist.

Lernen von Klienten

Wie viele Lichter haben mir meine Klienten aufgesteckt! Durch sie, die oft als »dem Teufel vom Karren gefallen« tituliert werden, habe ich Wesentliches begriffen, sie haben mir oft den Spiegel vorgehalten, in dem ich mein eigenes Verhalten erkennen konnte.

Dazu folgendes Beispiel: Auf Geheiß der Vormundschaftsbehörde musste ich eine alleinstehende Mutter, der vorgeworfen wurde, sie vernachlässige ihre Kinder, »vorladen«. Ich holte sie im Schalterbereich des Gemeindehauses ab (sie hatte ein Kind dabei) und wollte sie in mein Büro geleiten. Aber jeder Zoll an ihr drückte empörten Widerstand aus. Sie verweigerte meine Hand, hielt den Blick konstant auf den Boden geheftet, schnürte sich in ihren Mantel enger. Als ich sie in mein Sprechzimmer hineinkomplimentieren wollte, war es, als trüge sie einen riesigen Ballen Heu auf dem Kopf, der partout nicht durch die Türöffnung zu zwingen war. Ich kam mir vor wie ein Bauer, der ein widerspenstiges Kalb auf die Hebebühne seines Lastautos zieht, um es zur Schlachtbank zu bringen.

Als sie endlich vor meinem Schreibtisch saß, hielt sie das auf ihren Knien sitzende, bolzengerade aufgerichtete Kind wie einen Schutzschild gegen mich. Das Mädchen funkelte mich aus schwarzen Augen an und verfolgte misstrauisch jede Bewegung von mir. Ich merkte, dass ich mich fürchtete. Unruhig blätterte ich in den vor mir liegenden Akten. (Was für eine Flucht zu den Machtmitteln der gesetzlichen Fürsorge und was für eine Arroganz, die Frau wie eine Angeklagte vor meinen Schreibtisch zu platzieren, während ich hinter demselben, die Akten in Griffweite, in Deckung ging!) Während ich in den Akten nicht fand, was ich suchte, drehte sich die Kleine zur Mutter und flüsterte ihr ins Ohr: »Mami, gell die Frau isch nervös!« (Die Frau ist nervös.)

Schlagartig wurde mir bewusst, wie unmöglich ich mich verhielt und anstatt ihr die in den Akten befindliche Begründung der Vorladung zu zitieren, wandte ich mich ihrem Zorn zu. Im anschließenden Gespräch, weiteren Gesprächen und Hausbesuchen konnte ich feststellen, dass die Mutter-Kind-Beziehung intakt war und die Beschuldigung der neu zugezogenen Frau mit andersartigem Dialekt und etwas rauen Umgangsformen unbegründet war. Durch den Vorwurf war die Mutter aber in ihrem Innersten getroffen, denn sie lebte voll für ihre Kinder, und die Angst, man nehme ihr diese womöglich weg, aktivierte all ihren Widerstand. Verschiedene äußere Schicksalsschläge und die Doppelbelastung Beruf und Kinder spannten sie nervlich so an, dass sie gegen Menschen, die ihr mit Misstrauen begegneten, leicht ausfällig wurde. Gegen irgendwelche Entlastung und Unterstützung durch die Gemeinde wehrte sie sich aber bis aufs Blut. Doch allmählich nahm ihr Vertrauen gegenüber dem Beratungsangebot zu, sie spürte, dass sie auf der Gemeinde geachtet und akzeptiert wurde – und konnte Hilfe annehmen, kam nun von sich aus in mein Büro, wenn Schwierigkeiten auftauchten. Wie wichtig es ist, Menschen in Not mit Respekt und Mitgefühl zu begegnen, demonstrierte mir eines Tages die kleine Tochter der Frau.

Während ich mich am Schreibtisch mit der Mutter unterhielt, richtete sich das Kind in der Spielecke neben der Bürotür häuslich ein. Einmal schweifte mein Blick vom Gespräch weg zur Kleinen hin, die mit auffälliger Intensität immer wieder von der Ecke zur

Tür lief, dort die Arme ausbreitete, als wollte sie jemanden empfangen und dann gegen die Tür hin mit einem freundlichen Kopfnicken sagte: »Wänd si so guet si und ine cho« (Würden Sie so freundlich sein und hereinkommen). Offensichtlich ahmte sie mit dieser Geste, die sie mehrmals und lustvoll wiederholte, mich nach, wie ich jeweils ihre Mutter empfing. Das muss dem Kind Eindruck gemacht haben. Der ergreifende Fingerzeig dieser kleinen Persönlichkeit hat mich gerührt und ich glaube, ich habe ihn beherzigt.

Es ist klar, dass die Klienten unsere Glaubwürdigkeit prüfen, indem sie z.B. unsere Stimme, unsere Gesten, unser ganzes Verhalten beobachten. Wir klären also nicht nur sie ab, sondern sie auch uns!

Erst durch meinen Mann Sergio, italienischer Arbeitsemigrant und durch eine Behinderung einer Menschengruppe zugehörend, die man in der Regel übersieht, habe ich gelernt, wie seismografisch Menschen aus der Unterschicht, oft der Sprache nicht mächtig, auf herablassendes Benehmen von sogenannten Hochgestellten reagieren. Die Art, wie man auf jemanden zugeht, der Händedruck (ob überhaupt und wie), der Blickkontakt, ob man den Namen weiß und richtig ausspricht, die Authentizität in der Stimme, Humor etc. sind maßgeblich, um Vertrauen zu fassen. Ein spontanes Lachen, die Art, wie man auf einen Witz reagiert, aber vielleicht auch mal ein Wutausbruch (Wut zu zeigen bedeutet immer, dass man sich exponiert, sich auf eine Art außer Kontrolle begibt und dadurch auch kritisierbar wird) können

Nähe herstellen. Das auf vielen Sozialberatungsstellen und Spitälern übliche temperierte Lächeln, das Sprechen in hoher Stimmlage, die gleichbleibende Sachlichkeit, die sich durch nichts von der eigenen Beherrschtheit abbringen lässt, die tödliche Korrektheit, ist eigentlich eine Demütigung des Gegenübers. Er kommt sich vor wie vor einer Betonwand, die er mit nichts erschüttern kann.

Die eigenen Probleme bearbeiten

Dass Klienten durch die Behandlung ihrer Problematik auch Beiträge an unsere eigene Entwicklung leisten können, ist bekannt.

Eines Tages tauchte in meinem Büro eine Frau auf, die sich nur flüchtig auf die Stuhlkante setzte und, wie sie sagte, gar nichts anderes als die Adresse eines Arztes wollte. Sie brauchte eine Gutsprache, weil sie aus der Krankenkasse ausgeschlossen worden war. Sie hatte eine Gonorrhöe (Tripper) und klagte über starke Schmerzen. Ihre Situation war vollkommen desolat. Sie hatte zwei außereheliche Kinder zur Adoption gegeben, und war mit zwanzig Jahren aus der Vormundschaft entlassen worden mit der Begründung, dass Betreuungsversuche in ihrem Fall nutzlos seien, eine Gewissensbildung nie stattgefunden habe. »Frau H. vegetiert wie ein Tier«, hieß es im Gutachten. Ich unternahm trotzdem den Versuch, ihr beizustehen. Frau H. hatte so »hungrige« Augen, die zu sagen schienen: »Hilf mir doch!« Dank einer ausgezeichneten Supervisorin, mit deren Hilfe ich diesen Fall führen durfte, konzentrierte ich mich in meiner Gesprächshilfe bald auf die konstanten Beziehungsabbrüche der Frau. Sie wechselte die Männer wie Hemden. Sie war aber keine Prostituierte, ein Umstand, der meiner Supervisorin sogleich auffiel. »Mir scheint, sie sucht etwas«, sagte sie, und genau diesen Eindruck hatte ich auch. Frau H., die unsere abgemachten Termine auffallend regelmäßig einhielt, erzählte mir Woche für Woche Männergeschichten, die sich stets wiederholten. Sie hatte soeben einen traumhaften Mann kennengelernt, man habe sich bereits geeinigt zu heiraten, das Silberbesteck in mit rosafarbener Seide ausgeschlagenem Besteckkasten hätten sie bereits ausgesucht. Die folgende Woche aber war der Mann wie weggeblasen, ohne dass Frau H. Gründe dafür angeben konnte oder irgendwelche Verlustgefühle zeigte. Sie hatte bereits einen Neuen und sah sich schon wieder die Hochzeit feiern. Weshalb die Beziehung auseinandergegangen war, schien sie nicht zu beschäftigen, sie wusste nichts Näheres über die Männer, kannte auch oft nicht einmal deren Namen, so dass ich annahm, sie flunkere einfach.

Diese Sanierung werde zwar lange dauern, prophezeite meine Supervisorin, aber nicht nur werde die Klientin allmählich weniger unglücklich sein, sondern der Öffentlichkeit können auch immense Kosten erspart werden (die Klientin war immer wieder in Kliniken und Heimen hospitalisiert). »Und«, fügte sie bei, »vielleicht können Sie selbst für Ihre eigene Entwicklung etwas dabei lernen.« Die erfahrene

Fachfrau fand, dass Gestrauchelte oft viel mutiger seien bei der beharrlichen Suche nach dem, was sie fürs Leben brauchten als ihre Berater, die risikoscheu und voller Angst vor Fehlern dem Alltagstrott folgten. Trotzdem war ich schockiert: Lernen fürs Leben, von dieser katastrophal verwahrlosten Frau? Nach dem Rat der Supervisorin versuchte ich, der Klientin mehr Details über die Beziehungsabbrüche zu entlocken. Es dauerte nicht lange – und schon sah ich klarer. Die Klientin sabotierte ganz unbewusst jede Beziehung. Als sei es etwas Nebensächliches gab sie an, einen Termin zu einem Treffen verpasst zu haben, oder sie hatte eine attraktive Freundin mitgenommen, die ihr vom neuen Freund sofort vorgezogen wurde, oder sie verabschiedete sich nach einer Stunde vom neuen Schwarm mit der Begründung, sie habe noch eine andere Verabredung. »Und dann hat er mich sitzen lassen«, so schlossen ihre Gespräche immer und für einen Moment erschien eine tiefe Trauer auf ihrem Gesicht. Ihre Manöver schien sie nicht zu durchschauen, sondern stürzte sich einfach Hals über Kopf ins nächste Abenteuer. In der Gewissheit, dass wir uns für sie interessierten, ließen ihre Männergeschichten aber allmählich nach und sie begann, sich für ihre Gesundheit, ihre Arbeit und die Sanierung ihrer finanziellen Verhältnisse zu engagieren. Hierbei erzielte sie rasch Fortschritte. Nach einiger Zeit heiratete sie, die Ehe wurde aber bald geschieden, da der Mann schwul war (was sie schon vor der Heirat wusste), seine ewigen Männerkontakte wollte sie nicht mehr dulden. (Vermutlich war es aber ein Schutzmechanismus, es gerade mit diesem Mann zu versuchen.) Sie legte nun ihr Schwergewicht auf ihr berufliches Fortkommen und wurde als Leiterin der Putzequipe eines großen Bahnhof-WC ganz erstaunlich verantwortungsbewusst. Jahre später traf ich sie wieder auf der Straße. Sie war erneut verheiratet und hatte eine Tochter. Ihr Gesicht wirkte sehr gealtert und etwas verhärmt. Aber aus ihrem Erzählen wurde ihr Stolz deutlich, dass sie endlich erreicht hatte, zur »normalen Gesellschaft« zu gehören, wozu für sie in erster Linie zählte, dass man ihr die Obhut für ihr Kind anvertraut hatte. »Die Flausen sind mir vergangen«, lächelte sie. Offensichtlich gab sie sich mit dem trockenen Alltagsbrot zufrieden.

Und wie war es bei mir? Allmählich war mir klar geworden, dass der erfolgreiche Verlauf dieser Fallbehandlung auch darin begründet lag, dass bei der Begleitung unterschwellig meine eigenen Lebens- und Beziehungsängste – und die Sehnsucht nach ihrer Lösung – mit beteiligt waren. In jenen Jahren war ich selbst in Therapie, was mir auch beruflich half. Mein damaliger Lebensschwerpunkt bestand noch ganz darin, eine möglichst gute Sozialarbeiterin zu werden. Privat lebte ich sehr zurückgezogen, ich war ledig, lebte allein – und brachte mich durch. Starke Lebens-Sehnsüchte waren da, aber im Wesentlichen lag das Leben noch vor mir.

Meine Klientin hatte durch immer neues Anknüpfen von Männerkontakten gewissermaßen Probeläufe unternommen, um ihre Beziehungsängste zu überwinden. Durch die sozialtherapeutischen Gespräche und die Beziehung, die sie zu mir aufgebaut hatte, konnte sie ihre soziale Situation konsolidieren und die Schulden tilgen. Daran wuchs ihr Selbstvertrauen und schließlich wagte sie den Schritt, eine Familie zu gründen und Mutterpflichten zu übernehmen. Von ihrer Entschlossenheit, trotz äußerst schmerzhaften Verlusterlebnissen das, was sie erreichen wollte, nicht aufzugeben, habe ich gelernt.

4

Von der Fantasie

Wir wachsen vor allem, indem wir die in uns liegenden Lebenskräfte erkennen, schätzen, mit andern austauschen und zum Nutzen von uns und andern gebrauchen. Aber oft sind diese Eigenschaften und Energien aus gesellschaftlichen oder individuellen Gründen mit Tabus belegt, weshalb sie nicht entfaltet, sondern verachtet und ignoriert werden.

»Ich denke, Ihre wertvollste Begabung ist Ihre Fantasie«, bemerkte eines Tages der Psychiater, bei dem ich eine Psychoanalyse machte. Das traf mich. Ich fühlte mich nicht geehrt und ernst genommen, und der Arzt musste schnell versichern, dass er mich auch für intelligent halte. Die Bemerkung über die Fantasie war gefallen, nachdem ich nach einer stagnierenden Phase der Gesprächstherapie angefangen hatte, mich mit dem Pinsel auszudrücken. Da erschien mein Vater als ein raffinierter, verführerischer Zauberer, meine Mutter als eine brütende Henne, die schielte, und ich selbst, auf einer Mondsichel stehend – immer wieder dieses katholische Symbol einer Madonna. Dank der Maltherapie wurden Bilder in mir frei, die ich nicht auszusprechen vermocht hätte – und es ging nun in der Analyse rasch vorwärts.

Trotzdem verstörte mich die Feststellung meines Analytikers. Ich erinnere mich, wie ich von dieser Stunde nach Hause ging. Ich konnte die Tränen nicht zurückhalten, so enttäuscht war ich, dass er nichts Besseres entdecken konnte. Wenn er stattdessen meinen Fleiß, meinen Leistungswillen, meine Hilfsbereitschaft hervorgehoben hätte! Das waren Tugenden, die ich anstrebte! Fantasie war für mich etwas Spielerisches, etwas für Märchen und Kinder, nicht weiter brauchbar für das Bestehen des harten Lebens! Ich hatte damit auch schlechte Erfahrungen gemacht, zu Hause wie in der Schule. Ein fantasierendes Kind wird als eines, das nicht die Wahrheit sagt, nicht ernst genommen. Fantasie war keine Tugend, schon eher ein Laster; ihretwegen konnte man sich in ein Verhängnis verstricken, sie war alles andere als bodenständig, hatte sogar etwas leicht Anrüchiges, wie etwa die Fasnacht, die uns Kindern immer verboten war, während man aber von fantasievollen Kostümen und ebensolchen Scherzspielen sprach!

Und selbstverständlich war an der Schule für Sozialarbeit Fantasie auch nicht an erster Stelle gefragt. Schon eher war von Empathie und Einfühlung die Rede, während Intuition als trügerische Qualität hauptsächlich Laien zugeordnet wurde, von denen wir Professionellen uns damals strikt zu unterscheiden suchten. Inzwischen habe ich gelernt, dass Vorstellungsvermögen und Einbildungskraft eine motivierende, lösungsfreundliche und lebensoptimistische Wirkung haben. Daher will ich hier von den wissenschaftlich vielleicht nicht exakt definierbaren und messbaren Wirkkräften reden, die Menschen vorwärts bringen, vor allem wenn es darum geht, Veränderungen festgefahrener Verhältnisse zu bewirken und Lösungen zu erzielen. Wie oft stehen wir vor Situationen, von denen wir aufseufzend sagen: hoffnungslos! Hoffnungslos, weil wir in gewohnten Bahnen denken und innerhalb dieses Denkkonstrukts schon »alles« probiert haben – und alles war umsonst! Ein vages Wissen allerdings ist vorhanden, dass es außerhalb unserer rationalen und kognitiven Denksysteme, unserer bekannten Wertvorstellungen auch noch »etwas anderes gibt«, weshalb dann der schöne Vers von Hilde Domin zitiert wird: »Nicht müde werden, sondern dem Wunder leise wie einem Vogel die Hand hinhalten.« Hilde Domin, immerhin eine Frau, die die raue Realität des Lebens in hohem Maß erfahren hat – und die vielleicht gerade deshalb wusste, was in auswegloser Situation hilft.

Wenn man am Ende seines Lateins ist, bleibt oft nur noch die Vorstellungskraft oder der Glaube an das, was Berge versetzen kann. Das sind oft die sogenannten Zufälle. Es gibt ein wunderbares Kinderspiel: Fünf Zahnstocher werden in der Mitte geknickt (nicht gebrochen) und zu einem fünfzackigen Stern gefügt. Die Aufgabe ist nun, daraus eine fünfstrahlige Sonne zu machen, und zwar ohne die Form der Stäbchen zu verändern. Den Kindern wird gesagt, dass ein Gefangener am andern Tag hingerichtet werden soll, es sei denn, er löse das Rätsel, bevor die Sonne aufgeht. Die Kinder grübeln umsonst, das Rätsel ist nicht zu lösen. So geht es auch dem Gefangenen. Und als Mitternacht vorbei ist, tropft eine Träne in die Mitte des Sterns, denn er weiß, dass er sterben muss. Aber was geschieht da? Die Kinder starren auf den Stern. Der zieht sich unter der Wirkung des Wassers langsam zusammen, so dass die Spitzen von zwei Zacken sich am Schluss berühren, die Schenkel exakt beisammen liegen, zu Strahlen werden.

Hier zeigt sich die Unwägbarkeit alles Geschehens und dass wir nie alle möglichen Möglichkeiten ausfindig machen können und darum allzu oft sagen: Es ist nicht möglich.

Meistens sind die Lösungen aber nicht so vertrackt wie in dem genannten Beispiel, sondern es geht darum, dass man den Blick auf etwas richtet, das gut erkennbar ist, aber wegen eines »blinden Flecks« bisher nicht entdeckt worden ist. Auch die theoretischen, wissenschaftlichen Erkenntnisse sind stets an beschränkte Prämissen gebunden.

Auf den Alltag übertragen heißt das: Das, was wir erblicken und zu erfassen meinen, ist nicht das, wofür wir es halten. Um es zu entschlüsseln, ist eine zusätzliche Dimension nötig. Dazu gehören Vorstellungsvermögen, Fantasie, spekulatives Denken, sich etwas »einfallen« lassen, spielerisch experimentieren, auf die Intuition achten, nicht nur rational und verbal, sondern mit Mitteln der Musik, der Malerei, der Meditation, der Spiritualität an etwas herangehen. Dies alles wird nur wirksam, wenn man bereit ist, sich in etwas hineinzuversetzen, einen Perspektivenwechsel vorzunehmen, »mit neuen Augen zu sehen«. Das ist möglich, wenn wir Sympathie entwickeln und vorformulierte Pläne und Vorstellungen fallen lassen können.

Dazu ein Beispiel: Der kreative Kopf war damals mein Chef, ein besonders findiger Vorgesetzter. Wir unterstützten eine Familie, die wegen Schulden immer wieder das Nötige für die Kinder nicht aufbrachte. Ursache war vor allem das Auto des Mannes, das mit seinem Lohn als Velomechaniker nicht kompatibel war. Ständig waren wir hinter ihm her mit der Forderung, auf das Auto zu verzichten. Umsonst. Kaum hatten wir erreicht, dass er seinen Wagen verkaufte, hatte er heimlich wieder einen neuen angeschafft und wir mussten, weil die Kinder die Mittel für das Skilager nicht hatten oder die Krankenkasse nicht bezahlt war, erneut einspringen. Als es uns endlich mit Androhung von vormundschaftlichen Maßnahmen gelungen war, ihm »das Auto wegzunehmen«, brachte er uns zur Verzweiflung mit häufigen Krankmeldungen, die Lohnausfälle verursachten. Versuche, »vertieft« mit ihm ins Gespräch zu kommen, scheiterten. Der Mann lächelte zu all unseren Versuchen, näher an sein Problem heranzukommen, es schien, als nähme er sich selbst nicht ernst.

Er hockte also weiterhin in unserem Wartezimmer, streckte uns einen verbundenen Daumen entgegen oder hatte einen verrenkten Fuß. Wieder einige Tage oder Wochen Lohnausfall. Zum Davonlaufen! Wie er uns nervte! Der Jammergestalt in unserem Wartezimmer total überdrüssig, überlegten wir im Team, wie dem abzuhelfen sei. Wir ackerten nochmals die Akten durch, prüften umsonst die Maßnahmen, die wir noch nicht angewandt hatten: unter Vormundschaft stellen? – Nützt nichts gegen Krankmacher. Der Frau zur Scheidung raten? – Kommt noch teurer. Den Mann psychotherapieren? – Ohne Motivation zwecklos. Schließlich stand der Chef auf und rief: »Wenn ich mir diesen Kerl vorstelle, dieses lange Elend, 1,94 groß – und dann sitzt der zusammengekauert vor einem kleinen Fahrrad in seiner schäbigen Bude. Wenig prestigeträchtig, würde ich sagen!« Das Wort Prestige wirkte wie ein Signal auf uns. Genau, das war's! Gleich fiel uns nun ein, dass der Mann irgendwie einen Größenanspruch hatte, über den wir uns oft genervt hatten, er hatte eine gewisse Eleganz, etwas Theatralisches in Worten und Gesten, trug das Haar ambitiös in schwungvollen Wellen. Ja, am Steuer eines schnittigen Wagens war er entschieden besser vorstellbar.

Wieso nur hatten wir den Umstand dieses dürftigen Arbeitsplatzes nicht bedacht, bisher an diesen Punkt nicht hingeschaut? Wir waren heilfroh um diesen Chef gewesen, der immer wieder Geduld hatte mit seinem Arbeiter. Dieser klagte auch nie und schien an seinem Meister zu hängen, bei dem er bereits die Lehre gemacht hatte. Kurz, die Arbeitsstelle war der große Pluspunkt in seinem Leben. Jetzt aber, in der neuen Perspektive, fingen wir an zu spekulieren: Vielleicht war der bisher gerühmte väterliche Chef allzu väterlich, und behandelte seinen Mitarbeiter immer noch als den Jüngling? Kurz nach dieser Sitzung legte mein Chef ein Zeitungsinserat auf mein Pult. Gesucht wurde vom Stadttheater ein »Kulissenschieber, groß und kräftig«. Beim Stadttheater zu arbeiten war entschieden prestigeträchtiger als ein Mechaniker in einer Fahrradbude zu sein! Die Idee verfing bei ihm sofort – und der Mann bekam die Stelle! Es zeigte sich, dass ihm die unregelmäßigen Arbeitszeiten und der Umgang »mit allen möglichen Leuten« sehr zusagten. Unsere Gespräche, die sich über lange Zeit in den monotonen Niederungen nutzloser Ermahnungen und der Repetition von einschlägigen Vorschriften bewegt hatten, erübrigten sich. Der Mann wurde endlich selbständig!

Ab und zu traf ich ihn auf dem Bahnhof (nicht im Auto!) – nicht mehr im Wartezimmer! Er hatte sich die Haare wachsen lassen, trug bunte Schlabberhemden, grinste selbstbewusst und mit einer Spur von Herablassung im Blick. Mit eleganter Attitüde stäubte er die Asche von der Zigarette, wenn er von

»Wir beim Theater ...« berichtete. Auf der Gemeinde konnte der Fall ad acta gelegt werden.

Ideologien statt einfühlender Fantasie

Freilich, man kann sich auch »Fantasien« der finsteren Art machen, hinter einem Palästinenser einfach nur den Terroristen wittern, in jedem Flüchtling aus dem ehemaligen Jugoslawien nur einen Gewalttätigen sehen oder umgekehrt, in linkem Fanatismus, jeden Täter als ein Opfer politischer Zustände bezeichnen, aber das sind keine Zeichen von Fantasie, sondern das genaue Gegenteil: die banale Übernahme von Klischees und Vorurteilen. Die richtige Fantasie geht immer ganz nahe ans Subjekt heran und entdeckt immer eine überraschende Vielfalt von Zusammenhängen, die vorher nicht zu sehen war.

Ich halte das fortwährende Analysieren, Ordnen und Kategorisieren im professionellen Bereich der Sozialarbeit für mitschuldig an der häufigen Lösungsarmut. Das Zerreden von Fällen, das Intellektualisieren tritt an die Stelle der kreativen Erfassung des Klienten, von intuitivem und fantasievollem Suchen mit ihm zusammen nach gangbaren Lösungen, wobei einem oft Einfälle und Zufälle zu Hilfe kommen, aber nur, wenn man dafür offen ist.

Wer aus der gesellschaftlich dominanten rationalen Art der Welterfassung flüchten will, wendet sich heute gern dem uferlosen Bereich der alternativen Methoden, den enorm kommerzialisierten esoterischen Praktiken zu, spaltet sich ab von den vernunftgeleiteten, der Effizienz verpflichteten Denk- und Handlungsweisen. So werden jedoch leicht Brücken abgebrochen, auf beiden Seiten spricht man verschiedene Sprachen, bezichtigt sich entweder des Dubiosen, Wirkungslosen oder des Repressiven und Bösartigen. Es gibt fast nichts Giftigeres als diese Richtungsstreite, ob es sich nun um Sozialberufe, Therapeuten, Theologen oder Angehörige der Gesundheitsberufe handelt. Auf der einen Seite wird Emotion, Sinnlichkeit, Intuition und Fantasie abgewertet, auf der andern rationales Denken, Wissenschaftlichkeit, Logik und Vernunft mit Kaltherzigkeit gleichgesetzt oder als Herrschafts- und Disziplinierungsinstrument einer Elite denunziert.

Gegenwärtig besteht die Gefahr, die letztlich nur mit Einfühlung und Empathie wahrnehmbaren Notlagen und Leiden vieler Menschen als Einbildung und Fantasie blauäugiger Gutmenschen abzutun. Darum will ich in diesem Kapitel gerade auf diese Werte eingehen, die sich in meinem Leben als besonders wirksam erwiesen haben und die heute der Fürsprache bedürfen.

Der Wert der Intuition

»Wir machen von dem Länderreichtum des Ich viel zu kleine oder enge Messungen, wenn wir das ungeheure Reich des Unbewussten, dieses wahre innere Afrika, auslassen«, sagte Jean Paul. Ruth C. Cohn, international bekannte Psychoanalytikerin und Erfinderin der Methode »Themenzentrierte Interaktion« (TZI) hat den Versuch gemacht, das Einüben der Intuition lernbar zu machen und darüber zu schreiben. Sie beschreibt Intuition als »einzigartige und komplizierte Fähigkeit zur spontanen Erkenntnis, die basiert auf: Klarheit der Wahrnehmungen, ausreichende Speicherung entsprechender Fakten, geschultem Denken und unblockierten, wachen Gefühlen.« Hier wird deutlich, dass Intuition mit Fühlen und Denken zu tun hat. »Intuition ist ein stiller Wanderer. Sie wandert von unseren augenblicklichen bewussten Fragen zu unserem inneren Speicherraum, wo vergessene oder schlummernde Erinnerungen und Triebe lagern. Sie greift sie auf, ordnet sie neu und wandert still und schweigend wieder in unser Bewusstsein zurück, wo sie urplötzlich die Antwort bringt, die wir gesucht haben.« (Zitate aus Ruth C. Cohn: *Von der Psychoanalyse zu themenzentrierten Interaktionen,* Stuttgart 1975)

Ich hatte das Glück, bei Ruth Cohn, einer Wissenschaftlerin von beträchtlicher Intellektualität, die gleichzeitig die Instrumente der Intuition voll einsetzte, zu lernen. In einem ihrer Seminare erlebte ich, wie sie zu Beginn, kaum hatte sie uns im Kursraum wahrgenommen, sich sogleich wieder zurückzog mit der Bemerkung, sie müsse zuerst etwas klären. Als sie nach einer langen Weile vor uns verdutzten Kursteilnehmern wieder erschien, waren wir über ihre scheinbare Ignoranz des Kursprogramms irritiert. Im Laufe der Woche stellte sich aber heraus, dass sie einen in unserer Mitte herrschenden gruppendynamischen Konflikt sehr rasch, rascher als wir alle, intuitiv erfasst hatte. Zugleich aber war ihr beim Eintritt in den Gruppenraum bewusst geworden, dass sie diesen Konflikt nicht wollte, solcher Konflikte absolut überdrüssig war. Ihr Rückzug in die Stille, um die Situation, vor allem aber auch ihren Widerstand anzugehen und zu klären, hat sich dann überaus wohltuend auf die Weiterarbeit ausgewirkt, wenn auch das festgeschriebene Kursprogramm deswegen ein wenig durcheinandergeriet.

Der eigenen Wahrnehmung nachgehen

Ich reagiere sehr sensibel auf Atmosphärisches. Wenn ich für eine Lesung an einem Ort eintreffe, entscheidet sich oft rasch, ob der Abend ein Erfolg wird. Treffe ich auf ein Klima, in dem ich mich nicht wohl fühle, entwickelt sich meine Stimme nicht recht, ich habe beim Reden einen »Himmelfahrtblick« anstatt mit den Augen bei den Zuhörern zu verweilen, es fällt mir nichts Spontanes ein, ich kann keinen Bezug herstellen zu den Menschen, bei denen ich eingeladen bin. Dieses Verhalten kann auftreten, wenn die Veranstalter den Abend rein funktional steuern, es können aber auch völlig irrationale Einflüsse sein, die mich stören: halb unbewusst realisiere ich auf der Fahrt vom Bahnhof zum Veranstaltungsort, dass ich diese Gegend kenne und ungute Erfahrungen mit ihr verbinde; oder der Gastgeber erinnert mich an einen

Menschen, der mir im Leben sehr wehgetan hat; oder im Publikum sitzt jemand, den ich nicht hierher gewünscht hätte. Wenn ich Zeit habe und mir Zeit nehme, um dieses Unbehagen zur Kenntnis zu nehmen und zu klären, kann ich den Abend retten (aus diesem Grund treffe ich stets früh am Veranstaltungsort ein, schnuppere ein wenig herum, bis ich mich verorten kann). Und häufig, sehr häufig, holen mich die Veranstalter mit so viel Herzlichkeit, so viel Interesse und persönlicher Neugier ab, dass gleich alles bei mir in Schwung gerät. Unterdrückt man aber seine Gefühle, hält man sich, Unbehagen hin oder her, einfach an die Folien und den Hellraumprojektor – verlässt man den Abend so unberührt, wie man gekommen ist. Den Zuhörerinnen und Zuhörern geht es vermutlich ebenso. Stimmt jedoch die Chemie, d.h. können wir uns öffnen, gerät manchmal ein solcher Anlass zu einem richtigen Fest, das man lange nicht mehr vergisst. Kommen an einem Abend weniger Leute, als man erwartet hat, ist das zunächst eine Enttäuschung. Leere Stühle sind nun mal nicht motivierend. Kürzlich hatte mir der Pfarrer 100–150 Leute für eine Lesung vorausgesagt, erschienen waren achtzig. Zum Glück hatte ich auf der Fahrt vom Bahnhof zum Kirchgemeindehaus ein sehr gutes Gespräch. Der Pfarrer hatte mehrere meiner Bücher gelesen und fing gleich bei den Kernthemen an – das Gespräch war eine große Bereicherung für mich. Also hatte ich mindestens einen Zuhörer, konzentrierte mich nicht auf die leeren Stühle im riesigen Saal, sondern auf ihn. Nach der Lesung erschien sein katholischer Amtskollege, der sich persönlich angesprochen fühlte und sehr berührt war. Dann gesellte sich noch der dritte Amtskollege dazu und meine Intuition sagte mir, dass da drei grauhaarige Pfarrherren in einer aufstrebenden, reichen Vorortsgemeinde wohl bewusst oder unbewusst mit dem Altersproblem zu kämpfen hatten und ich für sie vielleicht eine persönliche Stärkung in einer Zeit allgemeiner Altersablehnung bedeutete. Das Gute war, dass wir alle vier aus unseren Rollen schlüpfen konnten und die Kammern unserer Seelenhaushalte öffnen konnten.

Hinter die Fassade schauen

Es ist ja nicht so, dass die fantasievolle Beschäftigung mit einem Menschen dazu verleitet, seine dunklen Seiten zu übersehen. Meiner Meinung nach ist das bei der rationalen und bürokratischen Erfassung von Menschen eher der Fall. Die meisten Gewalttaten, Kindesmisshandlungen, Unterschlagungen etc. geschehen durch Menschen, bei denen man »nicht solches vermutet hat«, das heißt, man hat eben nicht richtig hingeschaut, nicht hinter die Fassade der Anpassung gesehen. Gerade deshalb ist fantasievolle Beschäftigung mit dem Menschen recht anstrengend und kann auch zu großen Belastungen führen, vor allem, wenn man etwas vermutet, das sonst niemand sieht.

Das Unbewusste wirken zu lassen, der Vorstellungskraft Raum zu gewähren, kann auch bedeuten, Unheil wahrzunehmen, uns rechtzeitig warnen zu lassen. Es gibt auch unter armutsbetroffenen und vom Unglück verfolgten Menschen solche, deren destruktive Triebe überwiegen. Lassen wir uns beeinflussen von gewissen Trends, wonach alle, die unter die Räder gekommen sind, Opfer von ungerechten Strukturen sind, machen wir es uns zu leicht. Warnstimmen nicht zu überhören, intuitive Signale weiterzuverfolgen und abzuklären, ob sie sich in der Realität bewahrheiten, kann zu einer schweren seelischen Belastung führen. Es ist schon so: Wer mit all seinen Sinnen lebt und dabei weder die Intuition noch das Fantasieren ausschaltet, hat es nicht leicht in einer Welt der Supervereinfacher aller Art.

Die Intuition wecken

Wie weckt man die intuitiven Kräfte, wie facht man das Lämpchen der Fantasie an? Oft geht dem erlösenden Einfall, der rettenden Erleuchtung eine unproduktive Suchphase voraus. Wenigstens will sie uns unproduktiv vorkommen: Man kommt nicht weiter mit einem Auftrag, tritt am Ort mit einer Produktion, ist blockiert. Man tut dies und jenes. Bei mir ist das unnütze Suchen nach etwas besonders häufig: Eben hatte ich es doch, das Papier, den Text, der mir vielleicht weiterhilft, aber er ist nicht mehr aufzufinden, Schubladen gehen auf und zu, rastlose Gänge von einem Zimmer ins andere, Verzweiflungsausbrüche über das Chaos, das man hat, Beschuldigungen des Partners, bestimmt hat er das weggeräumt, was wir verzweifelt suchen. Und plötzlich ist die Idee, das Stichwort, der konkrete Vorschlag da, die Sicht ist frei, wie es weitergehen soll. Das gesuchte Papier brauchen wir nun gar nicht mehr – oder wir finden es sogleich an seinem gewohnten Platz. Ich weiß nicht, was es genau ist, was mir in diesen Manövern hilft. Ist es die Bewegung, der Adrenalin-Ausstoß, wenn ich mich aufrege? Auf jeden Fall hat sich, während ich äußerlich etwas suche, innerlich gesammelt, was ich wissen muss. Nichts tun, hinhörend warten, bis das »innere Afrika« sich meldet, macht das Leben reicher. »Fantasie ist bedeutender als Wissen«, sagte Albert Einstein. Es lohnt sich also, sich von ihr immer mal wieder den Kopf verwirren zu lassen und ein Stücklein kreatives Chaos zuzulassen.

Intuition und Fantasie erfasst sowohl das Helle wie das Dunkle, das Rettende wie die Gefahr. Graue Gemeinplätze und resignative Zufriedenheit mit der Welt gehören zu denen, die ihre kreativen Impulse schon längst gekappt haben. Hingegen stehen oft ganz Ungebildete, Finanzschwache oder von der Gesellschaft Verstoßene in erstaunlich gutem Kontakt mit ihr, zehren von ihr. Eine Frucht der Fantasie ist auch der Humor, der Witz, der häufig etwas auf den Punkt bringt, was eine wissenschaftliche Analyse so nicht vermag.

Mit Optimismus und Pessimismus hat das Ganze nichts zu tun. Beide sind letztlich Geschwister, Kinder der Gleichgültigkeit gegenüber der Welt. Der Optimist glaubt unverwandt daran, dass schon alles so kommen wird, wie er es gerne hätte, sein Optimismus ist eine Beruhigungspille. Der Pessimist ist überzeugt, dass alle Anstrengungen umsonst sein werden, weil ohnehin alles verloren ist. Auch das ist eine Pille.

Fantasie gegen die Hoffnungslosigkeit

Die Fantasie, die einen Ausweg aus verzweifelter Situation bringen wird, stellt sich dann ein, wenn ein Mensch sich weigert, sich mit seinem eigenen Elend oder dem Elend von andern einfach abzufinden, er hofft wider jede Hoffnung, er liebt, wo alles verloren scheint.

Die Fantasie, die Utopie, gehören den Fragenden, Suchenden, den vom Schrecken der Welt Umgetriebenen. Sie wissen, dass alle Erscheinungen der Welt die vielfältigsten Ursachen haben, also die Möglichkeiten der Veränderung ebenso unendlich sind. Experten beschränken sich auf einzelne Aspekte und die Politiker, von Experten abhängiger denn je, werden zu schrecklichen Simplifikateuren. Als ich auf einem Podium argumentierte, dass die momentan große Gewaltbereitschaft von Jugendlichen aus dem Balkan sehr vielfältige Ursachen habe, unterbrach mich der Rechtspolitiker neben mir mit dem in breitem Selbstbewusstsein vorgebrachten Satz: »Das sind nun eben diese Beschönigungen, die wir seit Jahren hören, dabei sind doch die Tatsachen mehr als klar: 70 Prozent aller Gefängnisinsassen in der Schweiz sind Ausländer, davon stammt der größte Teil aus dem Balkan.« Er sieht als Mittel gegen diesen Missstand nur Repression: verschärfte Strafen, Ausweisung, Aufnahme-Sperren.

Der Zürcher Pfarrer Patrice de Mestral hat näher hingeschaut, mit den Augen des Menschen, der einen andern Menschen erblickt, als wäre es sein Bruder. De Mestral war während Jahren Seelsorger im Ausschaffungsgefängnis des Kantons Zürich, betreute dort mehrheitlich junge Männer aus dem Balkan. Ihm fiel auf, dass junge Albaner wiederholt dort auftauchten, d.h. einige Monate nach ihrer Ausschaffung schon wieder da waren …

Aus dem Land mit 80 Prozent Jugendarbeitslosigkeit waren sie ausgezogen, oft von den Eltern gedrängt, »um Geld heimzubringen«. Nach dem missglückten Abenteuer, meist verbunden mit gewissen Delikten, nur um sich durchschlagen zu können, und der Ausschaffungshaft zu Hause eingetroffen, fragten die Angehörigen: »Wo hast du das Geld?« Und als sie die Wahrheit erfuhren, schickten sie sie gleich wieder los. Die jungen Männer, »sie sehen nicht anders aus als unsere Fußballer«, sagt de Mestral, ließen ihm keine Ruhe. Nach seiner Pensionierung zog er in Albanien ein Projekt zur Resozialisierung der Rückkehrer auf, d. h. er beschaffte ihnen Lehrstellen, was mit Unterstützung des Hilfswerks HEKS, das die Lehrlingslöhne zu 50 Prozent subventionierte, realisiert werden konnte. Inzwischen haben 846 aus den Ausschaffungsgefängnissen der Schweiz Zurückgekehrte eine Lehre absolviert. 85 Prozent von ihnen behielten die Stelle auch nachher! Alles Kriminelle? Ein Film über die Gefahren einer wilden Emigration in die Schweiz und die Situation der Häftlinge in der Strafanstalt La Stampa in Lugano wurde inzwischen in ganz Albanien ausgestrahlt, um naive Eltern und abenteuerlustige Söhne von solchen Experimenten abzuhalten.

Weitere fantasievolle Maßnahmen ließen sich denken … Patrice de Mestral: ein Gutmensch oder ein Realist mit rationaler Hoffnung im Herzen?

Ob man einen Menschen mit Hilfe der Statistik »erfasst«, die auf erschlagende Weise belegt, dass so und so viel Prozent der Albaner kriminell und gewalttätig sind, oder ob man mit der Vernunft des Herzens dahintergeht, macht einen gewaltigen Unterschied aus.

Die Sprengkraft der Fantasie

Da ich ins Dunkel hineingeboren worden bin, dränge ich zeitlebens danach, vom Dunkeln ins Hellere zu gelangen. Wer im Finstern sitzt, dem hilft nur das stärkste Mittel: Einbildungs- und Vorstellungskraft. Ohne dieses starke, erlösende Mittel wäre die Dunkelheit nicht aushaltbar (aber ohne das Dunkel erfahren zu haben, ist vielleicht auch das Licht nicht voll erlebbar). Das zeigen uns Lebensberichte von Kriegstraumatisierten, jahrelang Inhaftierten, Biografien von Menschen, die in der Kindheit jegliche Geborgenheit und Liebe entbehrten. Die Einbildungskraft kann Gefängnisse aufsprengen, macht Aussichtsloses aussichtsreich, ersetzt den Mangel ein Stück weit durch den Traum von alledem, was man in Wirklichkeit nicht hat.

Ein Beispiel dafür ist der erschütternde Lebensbericht des israelischen Schriftstellers Aharon Appelfeld, der in seinem Buch *Geschichte eines Lebens* schildert, wie er als kleiner Junge in Wäldern versteckt den Zweiten Weltkrieg überlebte. Als sechsjähriger, behütet aufgewachsener Knabe hatte er die Schreie seiner Mutter gehört, die im Nebenzimmer von Nazi-Schergen ermordet wurde. Er wurde mit seinem Vater zusammen in ein KZ gebracht, aus dem die beiden aber fliehen konnten. Auf der Flucht verloren sie sich jedoch und der Junge, der zu Hause stets gehört hatte, dass man, wenn die Nazis kämen, sich in den Wäldern verstecken werde, brachte das unmöglich Scheinende zustande, auf diese Weise mehrere Jahre zu überdauern. Es wird jedoch deutlich, dass ihm dabei ganz zentral die Erinnerung und die Sehnsucht nach seinen Eltern, die Fantasien, die er damit verband, geholfen haben. Den Tod seiner Mutter verdrängend, sah er in schlaflosen Nächten vor sich, wie seine Eltern auf dem Weg zu ihm unterwegs waren und am Morgen beim Aufwachen war das Bild so konkret, dass er beinahe gewiss war, seine Eltern würden jeden Augenblick dort vorne, wo der Wald sich lichtete und ins Land überging, erscheinen und ihn in die Arme schließen. Fantasie kann lebensrettend sein. Nach endlosen Odysseen ist Appelfeld heute Professor für Literatur an der Universität Beer Sheba in Jerusalem und bereichert mit seinem Schrifttum unzählige Menschen.

In der Sozialarbeit erleben wir Menschen, die im Finstern sitzen – und wir stehen wie vor einem Buch mit sieben Siegeln. Wir wissen nicht, wo der Schlüssel ist. Die verschlossenen Menschen öffnen auf unseren Wunsch oder gar Befehl nicht die Faust, um uns den Schlüssel auszuhändigen. Auch wenn sie auf unser Geheiß hin zehn Seiten Fragebogen ausgefüllt oder ein halbes Dutzend Tests gemacht haben: das Schloss wird sich damit allein nicht öffnen. Es ist nötig, dass wir uns mit Empathie und Vorstellungskraft in die Welt des andern hineinversetzen.

Ein lediger Mann mittleren Alters, in einem Berggebiet aufgewachsen, war wegen Schulden, Steuerrückständen, Gewaltausbrüchen, Auto- und Motorradraserei unter Beistandschaft gestellt worden. Nachdem er zeitweise in einer Garage gehaust hatte, plazierte ihn die Behörde in ein Obdachlosenheim, wo er als Externer einer Berufsarbeit nachgehen konnte.

Als der Koloss von einem Mann zum ersten Mal in seiner Motorradmontur in meinem Wohnzimmer saß, fiel mir als Erstes der krasse Gegensatz zwischen seinem bärenhaften Aussehen und seiner hohen, leisen Kinderstimme auf, die kaum zu verstehen war. Aus seinem Gelispel entnahm ich, dass alle, mit denen er zu tun hatte, Arbeitskollegen, Vorgesetzte, Ärzte und Behörden, in der Vergangenheit auch Eltern und Geschwister »fertigi Löl«, echte Deppen, waren, die ihn drangsalierten. Gemäß den Akten war der Mann ein tüchtiger Arbeiter, der deshalb leicht Arbeitsstellen fand, die er aber meistens nach kurzer

Zeit wegen Auseinandersetzungen mit Kollegen und Vorgesetzten wieder verlor. Außerdem hatte er zahlreiche Absenzen, besonders im Winter, die er damit begründete, dass er in der Dunkelheit morgens nicht aufstehen und aus dem Haus könne.

Von dem Mann ging sowohl eine misstrauische Abweisung wie eine Sehnsucht nach Wärme aus. Nach so viel gescheiterten Kontakten wusste ich nicht, wo anpacken.

Der Mann erklärte, sein Problem bestehe darin, dass er nicht intelligent, in der Arbeit nicht gut sein dürfe, denn sobald dies sich zeige, werde er sowohl von Kollegen wie Vorgesetzten schikaniert. Das war schon in der Schule und zu Hause so, fügte er bei. Ich hatte das Gefühl, dass der Mann hinter seiner dicken Motorradmontur etwas Verletzliches hatte und bei der geringsten Berührung loszuschlagen bereit war.

Ich schenkte ihm Kaffee ein und stellte fest, dass er gerne Schokolade aß, dann sagte ich herzlich, ich würde mich freuen, wenn er wiederkäme. Er stellte noch klar, dass ich nicht seine Beiständin sei, denn er habe für mich nie unterschrieben … Ich widersprach nicht, ließ es gelten – der Mann kam trotzdem wieder.

Während unseren Gesprächen merkte ich, dass er mich ebenso beobachtete wie ich ihn. Die Art, wie er dies tat, zeigte mir, dass ich es mit einem recht intelligenten Menschen zu tun hatte. Inzwischen zahlte er einige seiner Schulden ab. Bei andern Ausständen jedoch erklärte er bestimmt: »das zahle i nid« (das bezahle ich nicht). Es handelte sich vor allem um Rechnungen von Ärzten und Psychiatern, die er aufgesucht hatte, um der Dunkelheits-Phobie beizukommen. Er hatte jedoch den Eindruck, dass die Ärzte sich nicht auf ihn einließen, ihm gar nicht zuhörten, ihn mit irgendeinem Spruch oder einer Pille abspeisten. »Wenn sie mir eine Antwort auf meine Fragen geben, bezahle ich, ganz gleich, wie sie auch ausfällt«, beharrte er auf seinem Standpunkt, »sonst zahle ich nicht.« Als Beistand wäre ich eigentlich verantwortlich gewesen, dass der Mann alle seine Schulden begleicht. Da ich aber nun wusste, dass er wegen eines ernsthaften Anliegens den Arzt aufgesucht hatte und dann nochmals einen und immer wieder einen, wollte ich der Sache nachgehen. Zufällig kannte ich einen der Ärzte, dem er die Bezahlung schuldig geblieben war – und ich schätzte ihn als einen der vielen Mediziner, die sozial verantwortungsbewusst handelten. Zuerst konnte der Arzt sich an die Konsultation meines Klienten nicht erinnern, aber nachdem wir uns eine Weile ausgetauscht hatten, fiel ihm plötzlich ein, dass Patienten, die vor ihm an die Reihe gekommen waren, berichtet hatten, da sitze einer im Wartezimmer, der … und mit dem Finger an die Stirne gezeigt hätten. Da der Patient sein Anliegen dann undeutlich formuliert habe, könne es sein, dass er nicht näher darauf eingegangen sei. Der Arzt zog seine Rechnung zurück. Und bald darauf bewies mir mein Klient, dass seine hartnäckige Suche nach Heilung erfolgreich war. Aufgrund eines Zeitungsinserates war er auf eine Ärztin aufmerksam geworden, die Hypnose-Behandlungen durchführte, und es gelang tatsächlich, dem Mann, der verbal seine Schwierigkeiten nur schlecht ausdrücken konnte, Hilfe zu bringen. Er wurde vollständig geheilt und zahlte die Rechnung dafür subito. Nach der Heilung hatte er nicht nur weniger Probleme am Arbeitsplatz, sondern er verlor auch Ängste, die ihn jahrzehntelang gequält hatten. Mein Respekt vor seinen Fähigkeiten wuchs und als er eines Tages, ohne jemandem etwas zu sagen, aus dem Obdachlosenheim verschwand und sich eine Einzimmerwohnung nahm, ließ ich ihn gewähren. Bei einem Hausbesuch stellte ich überrascht fest, dass er eine exakte Buchführung über Einnahmen und Ausgaben sowie die Schuldentilgung machte. Bevor ich mich verabschiedete, zeigte er mir etwas verschämt die Abschlusszeugnisse von zwei Berufslehren, die er absolviert hatte. Davon war in den Akten nichts erwähnt! Es war tatsächlich so, dass der Mann Angst hatte, seine Intelligenz und sein Können zu offenbaren.

Heute hat er seine Schulden abbezahlt und da er wesentlich an Selbstbewusstsein gewonnen hat, ist er beruflich arriviert, bezieht einen respektablen Lohn. Schon bald konnte ich die Aufhebung der Beistandschaft beantragen. Seine zwischenmenschlichen Probleme sind noch nicht verschwunden. Der Mann lebt für sich. Als einen großen Fortschritt konnte ich es bezeichnen, als er eines Tages erwähnte, er habe etwas festgestellt: »Wenn ich die Leute freundlich anschaue, schauen sie ebenfalls freundlich zurück.« Dies war das erste Mal, dass er erkannte, selbst etwas an dem scheinbar unveränderlichen Schicksal seines Lebens verändern zu können.

Bei seinem letzten Besuch erzählte er, dass er in seiner Wohnung ein Cheminée eingerichtet habe. Auf mein Erstaunen hin, wie das in einer Mietwohnung möglich sei, berichtete er schmunzelnd, dass er im Fernsehen ein loderndes Feuer auf DVD aufgenommen habe und sich nun die Scheibe an kalten Abenden abspiele. Ich sehe ihn sitzen und ins Feuer sinnen.

In diesem Betreuungsfall habe ich sehr wenig aktiv unternommen. Ich habe fast nur intensiv zugehört und hingehört. Es war eine waghalsige Tour wie immer, wenn man sich auf Intuition und Einfühlung abstützen muss, keine oberflächliche und stümperhafte Sache. Durch die in der Betreuung entstehende Beziehung konnte der Mann sein Vertrauen in sich selbst stärken und dies schließlich auf andere übertragen, er hat damit eine zentrale Schwachstelle seiner Persönlichkeit zumindest ein Stück weit behoben. Jeden Tag macht er weitere Fortschritte. Als ich kürzlich meinem ehemaligen Klienten die Aufzeichnungen dieses Textes zu lesen gab, tat ich es mit erheblichem Herzklopfen. Sein fundamentales Problem ist das tief verwurzelte Misstrauen gegenüber allen Menschen, mit denen er in Kontakt kommt. Seine über Jahre gewachsene Vertrauensbeziehung zu mir hat wesentlich zu seiner sozialen Konsolidierung beigetragen. Würde er nun nicht sogleich wieder in sein altes Misstrauen zurückfallen und angesichts dessen, dass ich unsere Fallgeschichte in einem Text verwende, bei sich argumentieren, dass es mir in seiner Betreuung bloss darum gegangen sei, Stoff für ein Buch zu bekommen? Gott sei Dank kam es ganz anders heraus. Beim gemeinsamen Durchlesen des Textes nahm ich seine Freude wahr, »dass Sie sich noch an das erinnern«. Es zeigte sich auch, dass er die ganzen Jahre über unseren Hilfskontakt selbst reflektiert hat. Er erzählte, er habe es inzwischen einmal gleich gemacht wie ich, als er eine Katze geschenkt bekommen habe, einen üblen Maudi, der jeden gebissen und gekratzt habe, der in seine Nähe gekommen sei. Er habe dann seine Motorradhandschuhe übergezogen und so behutsam versucht, sich der Katze zu nähern. Vor ihren anfänglichen Bissen und ihrem Kratzen war er geschützt, doch allmählich ließ sie sich das Streicheln gefallen, so dass er ihr schließlich mit bloßer Hand übers Fell fahren konnte. In seiner immer noch verschlossenen und trockenen Art erwähnte er, dass er bereits nach dem ersten Kontakt mit mir beim Weggehen vom Haus zu sich gesagt habe: diesen Kontakt will ich behalten. Diese Aussage ist erstaunlich, spielten sich unsere Begegnungen anfänglich doch beinahe wortlos ab und war ich, wenn ich nur die Ratio befragte, weitgehend ratlos, was zu tun sei. Ich ging darum meiner inneren Spur nach. Es ist absolut zum Staunen, wie unerwartet und unerwartet schnell sich dieser Fall zum Guten gewendet hat, dessen Vorgeschichte ich aus Diskretionsgründen nicht erwähnen kann. Auf jeden Fall hat hier »die sanfte Tour« dem Staat viele Auslagen erspart. Vor einem Buch mit sieben Siegeln sitzend, hatte mir meine Fantasie eingegeben, den Mann erst einmal zu bewirten, wobei ich feststellte, dass er mich bei jeder meiner Bewegungen scharf beobachtete. Ich hatte den Eindruck es gehe ihm dabei hauptsächlich darum, wie ich mit seiner Würde, seiner Souveränität umgehe. Manchmal lässt sich das an winzigen Gesten, an der Art wie man Kaffee und Milch reicht, die Schale mit dem Gebäck bereitstellt, wie man sich selbst bedient, feststellen. In unserem stummen Dialog haben wir uns beide getestet und einen hilfreichen Weg zusammen gefunden. Leider ist es heute nur noch in Nischen des Sozialwesens möglich, Fälle mit anfänglich großem Zeitaufwand, dafür aber nachhaltig zu führen. (Der obige Fall wurde auf ehrenamtlicher Basis betreut.) Zum Glück gibt es sie aber noch, die oft stillen und unauffälligen Menschenrechts-Arbeiterinnen und -Arbeiter in Kinderkrippen, Horten, Krankenstuben, Schulzimmern, Arztpraxen, als Sozialarbeiter auf dem Pausenhof von Schulen, als Gewaltberater an einschlägigen Stellen und als Frauen, die sich der Opfer und Geschlagenen annehmen, sich für ihre Rechte einsetzen, die sich nicht für ein einseitiges und kurzfristiges Effizienzdenken und die Kaltschnäuzigkeit eines auf Anpassung ausgerichteten Empowerment-Denkens hergeben, sondern die auf die Würde des Menschen achten und wissen, dass Gerechtigkeit am längsten währt.

Es ist nicht unwesentlich, wohin wir unsere inneren Augen richten, wenn wir vor einem Menschen stehen. Und dass wir immer wissen, dass wir eines Menschen niemals habhaft werden können, dass er uns immer fremd bleibt, etwas, das wir nur erhaschen, aber niemals darüber verfügen können. Mit keiner Theorie, keiner Lehre, keinem »neuen Ansatz«, egal ob systemtheoretisch, pädagogisch, theologisch oder esoterisch, können wir dem Menschen gerecht werden, es bleibt immer ein Rest von Staunen über seine Einmaligkeit, Unfassbarkeit und Unantastbarkeit, vor der wir, von Freude und Ehrfurcht erfüllt, bescheiden zurücktreten.

Die Freuden

Es flattert um die Quelle
Die wechselnde Libelle,
Mich freut sie lange schon;
Bald dunkel und bald helle,
Wie der Chamäleon,
Bald rot, bald blau,
Bald blau, bald grün
O dass ich in der Nähe
Doch ihre Farben sähe!

Sie schwirrt und schwebet, rastet nie!
Doch still, sie setzt sich an die Weiden,
Da hab ich sie! Da hab ich sie!
Und nun betracht ich sie genau,
Und seh ein traurig dunkles Blau –
So geht es dir, Zergliedrer deiner Freuden.

Johann Wolfgang von Goethe

5

Frauenleben

Mein Bewusstsein für die Frauenfrage ist erst spät und nur zögerlich erwacht.

Es war in der Mitte der 70er-Jahre, in der Nähe des Bahnhofs Zürich-Enge, im dritten Stock eines älteren, fast baufälligen Hauses. Ein Beratungsbüro, das eher einer Wohnung glich, Sofa und gemütliche Sitzecke, keine Aktenschränke, nicht mal ein Telefon. Hier empfing mich die Leiterin der INFRA-Beratungsstelle der Frauenbefreiungsbewegung (FBB) Zürich. Eine Zeitungsmeldung hatte mich dorthin getrieben. Ich war damals Dozentin an der Schule für Sozialarbeit Zürich. In der Öffentlichkeit war eine Diskussion angelaufen über Gewalt an Frauen, ausgelöst durch eine parlamentarische Intervention, die um Subvention für Häuser für geschlagene Frauen warb. Dorthin sollten sich gewaltbedrohte

Frauen, notfalls mit ihren Kindern, wenden können, um Schutz und Beratung zu bekommen. Auf die Interpellation hin wurde eine Umfrage unter Sozialberatungsstellen gestartet, die den Bedarf an solchen Zufluchtshäusern ermitteln sollte. Die Zeitungsmeldung betraf das Ergebnis der Umfrage: der Bedarf war nicht nachgewiesen und deshalb die Subvention abgelehnt worden. Auf den Beratungsstellen war nur selten von Gewaltanwendungen und sexuellen Übergriffen oder Kindsmisshandlungen die Rede. Hatte eine Frau blaue Flecken, so war sie die Treppe hinuntergestürzt oder das Kind war von der Schaukel gefallen. Waren Gewaltanwendungen unübersehbar, so wurde der Mann vorgeladen, der eine völlig andere Geschichte erzählte, womöglich noch unterstützt von der zugezogenen Polizei. So waren viele Dinge im Sande verlaufen, vor allem dann, wenn die Mutter zu Beanstandungen in sozialer Hinsicht Anlass gab.

Häusliche Gewalt wurde damals noch so wenig öffentlich thematisiert, dass selbst Professionelle (auch aus den Bereichen Sozialarbeit, Medizin, Polizei) sich nicht genügend bewusst waren, welchen Repressionen eine Frau ausgesetzt ist, wenn sie es wagt, ihre Stimme gegen ihren Unterdrücker oder Peiniger, von dem sie und ihre Kinder auch meistens ökonomisch abhängig sind, zu erheben.

Die Ablehnung des Subventionsgesuches für Frauenhäuser erschreckte mich und machte mir bewusst, welche Folgen es haben kann, wenn in der Sozialarbeit Tätige nicht sensibilisiert sind für Zustände, die in der Öffentlichkeit tabuisiert sind und es Sozialarbeit deswegen versäumt, ihre Definitionsmacht öffentlich auszuüben.

Frauenbewusstsein entwickeln

Die Geschlechterfrage, die Benachteiligung und Unterdrückung der Frau, stand in der noch von patriarchalen Normen geleiteten Sozialfürsorge nicht obenan, und für die Fachliteratur, die wir zu lesen bekamen, galt dasselbe.

Gott sei Dank hatte ich Studierende, die aufmüpften, das Thema artikulierten. Ich spürte, dass ich selbst Nachhilfeunterricht nötig und einen blinden Fleck hatte. Amalie Pinkus, die die INFRA-Beratungsstelle leitete, schaute mich prüfend von der Seite an. Ich glaube, die alte Kommunistin realisierte schnell, dass die, die vor ihr saß, nicht aus dem gleichen Stall kam. Gleichwohl informierte sie mich freundlich über die Grundsätze und die Praxis der Infra-Beratungsstellen. Die Worte Betroffenheit und Frauen-Solidarität standen im Zentrum. Hier sollte kein Machtgefälle herrschen, hier sollte man sich angesichts der gesamtgesellschaftlichen Frauenunterdrückung in gemeinsamer Betroffenheit begegnen, hier duzten sich Beraterinnen und Beratene. Hier »verriet« man Ratsuchende nicht, indem man mit allen möglichen Amtsstellen telefonierte und offiziellen Auskünften von vornherein mehr Gewicht gab als den Aussagen der Betroffenen. Hier durften die

Frauen sich sicher fühlen, Auskünfte gegen außen wurden verweigert, hier gab es Adressen von solidarischen Ärztinnen und Rechtsanwältinnen, die vielleicht Mitglieder der OFRA waren.

Bei einer Beratung konnte ich gleich dabei sein. Die junge Frau, die mit einem »Entschuldigung« die Tür aufstieß, eine Reihe von Einkaufstaschen auf den Boden stellte und gleich nach einem Glas Wasser fragte, war unbefangener, als ich es mir vorgestellt hatte. Sie zeigte uns ohne zu zögern eine Entzündung in der Scheide (also dafür war die Chaiselongue auch zu gebrauchen). Der rote Ausschlag zog sich bereits den Bauch hinauf, und sie flehte uns an, ihr eine gute ärztliche Adresse zu nennen.

Ihr Arzt habe anzügliche Bemerkungen gemacht und eine Ärztin, deren Adresse sie von einer Freundin bekommen hatte, habe sie mit abwertenden Blicken gemustert und gefragt, ob sie Prostitution betreibe. »Es ist unglaublich«, stöhnte die Frau und fing an zu weinen. »Ich habe eine ganz gewöhnliche Entzündung, woher weiß ich auch nicht, aber in ganz Zürich gibt es anscheinend keine medizinische Behandlung, ohne dass du unzüchtig betastet oder moralisch abqualifiziert wirst«, sagte sie resigniert.

Die Frau wurde von Amalie Pinkus bestärkt und bestätigt, bekam zuverlässige Adressen und wurde zu einer Zusammenkunft der FBB eingeladen.

In einer zweiten Sprechstunde klagte eine ca. 45-jährige Frau, die ihren Mann vor die Tür gesetzt hatte, dass er sie überallhin verfolge, ihr Tag und Nacht auflauere. Als sie ihn deswegen bei der Polizei verzeigte, habe der Beamte grinsend gemeint: »Kein Wunder, werden Sie verfolgt, so attraktiv wie Sie aussehen!« Ihr sei sofort klar gewesen, dass die Polizei sie zumindest der Mitschuld an dem Zwischenfall verdächtigte. Auch am Arbeitsplatz sei gespottet worden, nicht nur von Männern, sondern auch von Kolleginnen, sie müsse halt nicht überall ihre Beine zeigen und Miniröcke tragen. »Ich weiß, dass ich schöne Beine und einen attraktiven Körper habe, aber wenn ich deswegen bedrängt und verfolgt werde, nimmt mich keine Amtsstelle, wo überall Männer hocken, ernst. Bevor sie mich angehört haben, wissen die schon, dass ich selbst schuld bin, wenn ich schikaniert werde.«

Ich fühlte mich massiv verunsichert nach diesen Berichten. Ich hatte das Gefühl, ich sei bisher an der falschen Front tätig gewesen und müsse nun die Seiten wechseln, mich auf einen andern Stuhl setzen, als Mitbetroffene unter Frauen, die ihres Geschlechtes wegen unterdrückt und in ihren Rechten beschnitten wurden von einem Patriarchat, dem ich mich bisher untergeordnet hatte. Von Unterdrückung hatte ich bisher nicht viel gespürt, ich kam mit Männern gut zurande, spontan und lebhaft wie ich war, dazu gutaussehend. Ich hatte keinerlei Probleme. Die Frauen auf den Infra-Beratungsstellen aber setzten ausgerechnet jene Spezies auf die Anklagebank, die wir bis anhin als Garanten bürgerlicher und sozialer Wohlfahrt ins Vertrauen gezogen hatten: Anwälte, Ärzte, Psychiater, Richter.

Die Frauenfrage in der Sozialarbeit

Die Kontakte mit den Beratungsstellen verwirrten mich nachhaltig. Es gab Tabu-Bereiche in meinem Leben, mehr noch: in der bürgerlichen Sozialarbeit! Was ich von Klientinnen und Mitarbeiterinnen der Zürcher Frauenbefreiungsbewegung hörte und las, weckte zwar zum Teil meinen Widerspruch, weil ich es als allzu einseitig und mit einer Tendenz zum Schwarz-Weiß-Denken empfand. Aber in mir stiegen mehr und mehr Fragen dazu auf, wie ich mich selber beruflich und privat verhielt gegenüber männlicher Dominanz – und das Unbehagen darüber, was sich in all den Jahren angesammelt hatte, meldete sich immer lauter. Ich versuchte zwar, den Unmut zu verdrängen, aber unter den neuen Einflüssen wurde mir immer klarer: Ich gehörte auch zu den Frauen, die sich immer wieder anpassten, sich versöhnlich gaben, sehr schnell verzichteten, nur damit es Frieden gab, oder anders gesagt: damit ich jemandem etwas zuliebe tun konnte und dafür bestätigt wurde. Zum Beispiel wurde ich an einer Arbeitsstelle, wo ich den mir gemäßen Lohn gefordert und auch zugesichert bekommen hatte, gleich nach Stellenantritt vom Chef angefleht, noch ein Jahr lang zum früheren Lohn zu arbeiten, da Bauvorhaben in der Institution anstünden und er Bedenken habe, beim Kanton gleich für zwei Budgetposten Erhöhung zu beantragen. Ich erinnere mich genau an den schalen Geschmack im Mund, als der Chef nach meiner eilfertigen Erfüllung seines Wunsches mir wohlwollend auf die Schulter klopfte und meinte: »Etwas anderes habe ich von Ihnen auch nicht erwartet.« (Natürlich war nach einem Jahr der Karren mit Budgetwünschen so überladen, dass es nie mehr zu der versprochenen Lohnerhöhung kam.)

Gravierender war, in welchem Maß man überall von mir die Erfüllung der weiblichen Tugenden erwartete, wie Blumen bereitstellen, Tische abräumen, Gäste zum Bahnhof begleiten etc., während in Sitzungen meine Beiträge nicht selten überhört, dafür aber später von einem Mann aufgenommen wurden, als wären es seine Ideen. Ja, ich gebe es zu, anfänglich war ich sogar noch stolz darauf, wenn ein Mann meinen Vorschlag aufgriff und damit Erfolg hatte, egal, dass ich als Urheberin nicht genannt wurde. Es dauerte, es dauerte lange, bis ich meinen Selbstwert so weit achtete, dass ich derartige Ungerechtigkeiten nicht mehr durchließ. Als junge Dozentin wurde ich sehr gelobt für meinen Methodikunterricht, meine Arbeit mit Studierenden und an Praktikumsorten. »So etwas können Frauen eben besser«, lobte mich mein Rektor, »sie haben die bessere Einfühlung, arbeiten intuitiver.« Aber wenn es um Denkprozesse ging, um »hochstehende« Diskussionen über die Ziele der Ausbildung oder Ähnliches, war das Männergremium unter sich, die Frauen hatten keinen Zugang. Vielleicht habe ich auch keinen Zugang gesucht, weil ich von zu Hause gewohnt war, dass die Männer- und Frauenwelten ziemlich streng geschieden waren und dass der Frauenbereich zwar hochgelobt, aber trotzdem dem Männerbereich hierarchisch untergeordnet war. So etwas prägt, bis es schließlich als ganz selbstverständlich empfunden wird!

Jetzt aber sah ich auf der Sozialberatungsstelle die Frauen mit blauem Rücken, die »die Treppe hinuntergefallen« waren, und die Scham über die Stumpfheit der sie beratenden Kolleginnen und Kollegen trieb mir die Wut in den Bauch.

Die eigene Betroffenheit erkennen

Das schreckte mich gehörig auf und ich wurde mir bewusst, dass ich im übertragenen Sinn in meinem Frauenleben auch blaue Flecken davongetragen hatte. Zahllos waren die Beispiele, wo Männer mir vorgezogen worden waren aus rein geschlechtsbezogenen Gründen – und ich hatte ihnen womöglich noch den Sessel frei gehalten.

Als die Filmerin Marianne Pletscher mit ihrem Film *Weggehen ist nicht so einfach* die Unfreiheit und Rechtlosigkeit der im Patriarchat gebundenen Frau aufzeigte, klang etwas in mir persönlich an. Ich spürte vage, dass damit auch ich gemeint war. Die sachliche und sehr behutsame Art, mit der die Filmerin das Thema behandelte, gab mir Vertrauen. Ich fühlte mich zu nichts gedrängt, konnte einfach nur schauen und zuhören. Als sie sich in Begleitung von einigen FBB-Frauen zu einer Tournee aufmachte, um ihren Film zu zeigen, fragte ich sie, ob ich sie begleiten dürfe, und sie war einverstanden.

Da saßen wir nun im Patriziersaal des mittelalterlichen Zunfthauses einer angesehenen Kleinstadt mit traditionellen Lebensmustern. An den Wänden die Insignien patriarchaler Vorherrschaft, Fahnen, Wettkampftrophäen, Porträts von Amtsrichtern, Ratsherren und hohen Militärs. Es waren sehr viele Frauen gekommen, die gespannt auf die Berichte von den misshandelten Frauen in den Frauenhäusern warteten. Die Filmerin war bemüht, eine voyeuristische Show zu vermeiden und die Frauen auf die Reflexion ihrer eigenen Situation hinzulenken. Sie zeigte auf, wie schwer es für Frauen oft war (und bis heute immer noch ist), sich aus unerträglichen Abhängigkeiten zu lösen und einen selbstbestimmten Weg einzuschlagen. Was werden meine Eltern, Schwiegereltern sagen, wie wird man am Arbeitsplatz und in der Nachbarschaft reagieren, wenn ich weggehe? Und vor allem: Wovon lebe ich dann? Bin ich es nicht den Kindern schuldig, die Ehe fortzusetzen, auch wenn es eine Hölle ist und ich merke, dass ich dabei zugrunde gehe? Kann ich überhaupt allein sein? Seit wie vielen Jahren bin ich nie mehr allein ausgegangen! Und überhaupt, es gab doch auch schöne Zeiten in der Ehe, allerdings ist dies sehr lange her.

Im Grund ging es um simple Fragen, die jedoch Herzklopfen verursachten: Darf ich als Frau überhaupt meine eigenen Wünsche anmelden? Habe ich ein Recht auf Anerkennung meiner Bedürfnisse genauso wie ein Mann? Ist das nicht gegen die Schöpfungsordnung, war dem Weib nicht verordnet, sich unterzuordnen und mit Hingabe für andere da zu sein? Auch wenn die meisten nicht mehr in strengem

Sinne gläubig waren, diese eingefleischten Verhaltensmuster waren nicht verschwunden und sie zu durchbrechen machte Angst.

Der aufrechte Gang

Sich für sich selbst zu wehren, unter Umständen sogar aus unerträglichen Eheverhältnissen auszubrechen und sich wirtschaftlich selbstständig zu machen – das waren Riesenschritte. Mich hielt das Thema je länger desto stärker in Atem, weil mir immer mehr aufging, dass die Hinnahme eigener Unterdrückung und Demütigung stumpf macht für die Leiden anderer.

Aber ein neues Selbstverständnis zu finden, den aufrechten Gang zu üben ist nicht so einfach. Eine besondere Rolle spielen dabei jene Frauen, die Demütigungen, die sie selbst erfahren, verdrängen und gerade deshalb Frauen, die ausbrechen aus der patriarchalen Ordnung, bekämpfen. Es gibt dafür das berühmte Beispiel vom Krabbenkorb: Krabbenfische können, wenn sie gefangen sind, ohne Weiteres in einem Korb ohne Deckel aufbewahrt werden. Sie kriechen nicht heraus, weil die unteren Fische alle, die herauswollen, zurückhalten. Aufeinander Angewiesensein, Harmoniebedürfnis und der Wunsch, von anderen Frauen bestätigt zu werden, spielen beim weiblichen Geschlecht eine Riesenrolle, darum ist dieser Mechanismus sehr wirksam.

An jenem Abend in der patriarchalen Zunftstube, nach dem Film *Weggehen ist nicht so einfach*, sah ich, wie sich neben mir Frauenhände langsam im Schoß eines Seidenkleides verkrampften, dann der hastige Griff nach der Krokotasche, das Taschentuch … Ein kleines Geflüster zu meiner Seite: »…manchmal schon schlimm, das frühmorgendliche betrunkene Nachhausekommen nach den Zunftfesten – und dann im Bett …«, das Gespräch wird so leise, dass ich nichts mehr verstehe. Bis die eine Frau den Rücken gerade aufrichtet, das Schloss ihrer Tasche mit hartem Klick zuschnappen lässt und mit energischer Handbewegung das Gespräch beendet: »Item, das gehört halt dazu, das kannst du nicht ändern.«

Da war sie wieder, diese Totschlagbewegung, mit der eine Frau eine andere beschwichtigt. Aber machte ich nicht oft das Gleiche in den Beratungen, suchte die Frauen zu ermuntern, durchzuhalten? Und gab es das nicht auch in meinem eigenen Leben? Hatte ich die alltäglichen Benachteiligungen der Frau bis jetzt fatalistisch hingenommen?

Die Filmerin rief mit sachlicher Stimme in Erinnerung, welche Verantwortung Frauen auf sich nähmen, die zum Kindesmissbrauch ihrer Männer schwiegen, aber auch, welch schlechtes Vorbild sie für heranwachsende Töchter seien, wenn sie das von ihren Männern ertrügen, was sie ihren Töchtern nie wünschten.

In der Diskussion richtete sich eine Frau hoch auf und berichtete, dass sie von einer Mutter wisse, die trotz schlimmen Fremdgängereien und Brutalitäten ihres Mannes durchgehalten habe mit dem Ergebnis, dass aus allen Kindern etwas geworden sei und der

Mann das Geschäft habe behalten können. Die religiösen Tugenden der Demut, des Leidens und Duldens wurden vorgebracht. Andere widersprachen, dankten für den Film und bestärkten die Frauen darin, mutig zu sein.

Der Abend bewegte mich sehr, ich wusste, ich musste etwas tun. In meiner Aufgewühltheit wollte ich mich sogleich der Gruppe um Marianne Pletscher anschließen, die nun mit dem Film durch die Lande reiste. Sie aber meinte nach einem Gespräch, dass ich wohl doch »zu wenig betroffen« sei, Frauen-Diskriminierung wohl zu wenig persönlich erfahren habe. »Vielleicht scheint es allerdings nur so und es braucht noch einige Bewusstseinsarbeit, um dahinterzukommen«, fügte sie freundlich bei. Sie war überzeugt davon, dass man Frauendiskriminierung nicht nur theoretisch kennen, sondern am eigenen Leib, der eigenen Person gespürt habe müsse, damit das Unrecht in einem zu brennen beginne, die Wut, welche die Energie zum Kämpfen und Handeln entfessle. Ich war enttäuscht. Hatte ich denn nicht mein Interesse und mein Engagement bewiesen? Musste denn jede, die hier mitreden wollte, selbst in schlimme Männergeschichten verwickelt gewesen sein oder einmal abgetrieben haben? Von der Filmerin abgewiesen zu werden, traf mich. Zu wenig aufgeweckt, zu wenig emanzipiert – so musste ich ihr Urteil wohl deuten.

In Wirklichkeit habe ich damals einen wichtigen Fingerzeig erhalten, das lernte ich erst später recht verstehen: es nützt nichts, sich mit fliegenden Fahnen in Protestbewegungen zu stürzen, sich in den Aktivismus zu flüchten, ohne sich die Zeit zu nehmen, sich mit der eigenen Betroffenheit auseinanderzusetzen. Und das geht langsam.

Boldern

So war ich denn auf diesem Gebiet lange Zeit eine Lernende statt eine Gebende und mein Lernfeld war für viele Jahre die evangelische Heimstätte Boldern bei Zürich. Bei den beiden Frauen Marga Bührig und Else Kähler haben Frauen gelernt, in der Öffentlichkeit ihre Stimme zu erheben, die eigene Meinung zu sagen und nicht einfach Männermeinungen zu übernehmen, mit eigenen Augen die Bibel zu lesen, aber auch selbstständige Schritte zu tun im eigenen Leben, in der Familie und Partnerschaft, in der Öffentlichkeit, in der Kirche und Politik.

Man macht sich heute kaum mehr eine Vorstellung davon, wie neu das alles in der Zeit nach dem Zweiten Weltkrieg bis in die 80er-Jahre des vergangenen Jahrhunderts war! Ich erinnere mich genau, was für Ängste ich ausstand, um in einer der damals aufkommenden Gruppenarbeiten von Frauen meine eigenen Gefühle, auch die der Angst, der Kränkung, des Zurückgesetztseins zu äußern. Wie oft erwog ich, in der Pause abzuhauen, aus Angst, den Anschluss an die andern nicht zu finden, abgelehnt zu werden. Wie mir ist es unzähligen von Frauen ergangen beim Versuch, öffentlich über die privaten Sorgen und Befindlichkeiten zu reden. Es war Marga Bührig, die mich

»entdeckte« und bestärkte in meiner Fähigkeit, vor andere hinzutreten, eine Versammlung zu leiten und schließlich auch eigene Referate zu halten. Ein langer Weg! Marga war eine Ermunterung schon rein dadurch, als sie selbst in allen Veranstaltungen auch mitlernte. Ich sehe sie in ihrer typischen Haltung in der Gruppe, nach vorn gebeugt, und man sah ihr förmlich an, wie es in ihr arbeitete, wie sie ihre Ergebnisse, oft nicht fließend, sondern fast aus sich herauswürgend, in die Runde einbrachte. Ihr im Alter veröffentlichtes Lebensbuch *Spät habe ich gelernt, gerne Frau zu sein* zeigt, wie hindernisreich diese Frauenbiografie verlief. Später habe ich im Vorstand von Boldern mitgearbeitet und erlebt, wie hart die Kämpfe für Frauenpartizipation und die Würdigung von frauenspezifischen Fähigkeiten gegenüber der Öffentlichkeit, aber auch gegenüber konservativen Kreisen der Kirche waren. Marga Bührig hat Tausenden von Frauen zu einer Befreiung aus patriarchal beengtem Weg geholfen!

Die Macht-Balance zwischen Frauen und Männern

Meine Tätigkeit als Dozentin an der Schule für Sozialarbeit Zürich und später in Bern fiel zusammen mit einer Entwicklung, die für die Rolle der Frau sehr wichtig war. Wir Frauen selbst hatten in dieser ehemals reinen Frauenschule mit ausschließlich weiblicher Schulleitung den Männern die Tür geöffnet. Da wir aber über die Machtmechanismen des Patriarchats zu wenig unterrichtet waren, mussten wir staunend zusehen, wie die neu hinzugekommenen Männer, fast ausschließlich Akademiker, in Lehrkörper und Schulleitung in kurzer Zeit die Macht übernahmen und die bisher bewährten und in der Praxis bewanderten Frauen in die Nebenfächer und Nebenfunktionen abschoben. Als die Frauen dies realisierten, bildete sich Widerstand. Allen voran stieß die Kollegin und Freundin Silvia Staub-Bernasconi damit vor, stemmte sich gewissermaßen mit gehörnter Stirn gegen die selbstverständliche Machtübernahme der Männer. Freilich, dafür musste sie erst studieren. Bereits Dozentin für Sozialarbeit, schrieb sie sich für ein Soziologie-Studium an der Uni ein, bekam gleich noch ein Kind und nahm dieses kurzerhand in die Sozialschule mit: Tür auf für eine ganz neue Ära! Noch zehn Jahre vorher wäre so etwas ganz undenkbar gewesen. Durch Staub-Bernasconi wurde es klar und selbstverständlich, dass Sozialarbeit mit Machtausübung zu tun hat, dass es aber eben sowohl Beschützungs- wie Behinderungsmacht gibt. Macht ausüben, sich Machtstrategien aneignen, um für die Rechte der Schwächeren zu kämpfen. Damit wurde für uns Frauen eine neues Kapitel aufgeschlagen!

Die Neubewertung der weiblichen Fähigkeiten

Diese Geschehnisse und später dann vor allem meine feministisch und politisch sensibilisierten weiblichen

Studierenden haben mir geholfen, weibliches Arbeitsvermögen, weibliches Denken und Handeln zu erkunden.

Weibliches Arbeitsvermögen meint zum Beispiel, verschiedene Faktoren zusammenzusehen und verknüpfen zu können, meint jenes Umstellungsvermögen, das jede Mutter leistet, wenn sie in einem Haushalt mit kleinen Kindern lernt, dass nicht alles planbar ist und der Umgang mit Chaos ein großes kreatives Potenzial hat. Es meint auch das Hinhören auf andere, das Mitnehmen von Langsameren, alles Tugenden, die in den klassischen Mutterdisziplinen trainiert werden, vielleicht sogar dem weiblichen Geschlecht eingeboren sind. Frauen sind auch sicherer in der Fähigkeit, sich nicht nur von der Ratio, sondern ebenso von Gefühl und Intuition leiten zu lassen. Es hat sich gezeigt, dass sie auch entscheidungsfreudiger und mutiger sind als Männer. Den Umgang mit Macht, das selbstbewusste und kontrollierte Ausüben von Positionsmacht zum Beispiel, um andere in ihren Rechten zu schützen und demokratische Spielregeln durchzusetzen, müssen Frauen bis heute immer wieder lernen. Zu lange hat man ihnen eingetrichtert, dass Macht – und schon gar Karriere – etwas Ungutes sei und Frauen nicht anstehe, zu lange haben sie deshalb Macht »hintenherum« und mit weiblicher List betrieben. Mit offenem Visier Macht anzustreben und auszuüben, erfordert von Frauen auch heute noch Mut.

Später organisierte ich Kurse zum weiblichen Arbeitsvermögen, zur Stellung der ledigen Frau in der

Sozialarbeit und vor allem zum Thema Frau und Macht, Frau und Karriere. Je mehr die feministische Bewegung fortschritt, desto mehr fiel mir eine zunehmende Kluft unter den Frauen auf. Auf der einen Seite die sogenannten »Powerfrauen«, meistens gut ausgebildete und untereinander gut vernetzte Frauen, die »etwas aus sich gemacht« haben, beruflich arriviert sind, in der Politik oder in einer Bürger- oder Menschenrechtsbewegung aktiv sind, als »befreite Frauen« über viel Spielraum und oft auch dank ihrer Karriere über gute finanzielle Mittel verfügen. Auf der anderen Seite Hausfrauen und Mütter von vier Kindern, die kaum das Geld aufbringen, um einen Boldernkurs zu bezahlen und dann alle jene Frauen, die in beruflich untergeordneten Positionen in Tätigkeiten, die sich an den Haushalt, die Kindererziehung und die Pflege anlehnen, arbeiten und schlecht bezahlt sind: Hauspflegerinnen, Spitexangestellte, Kleinkindererzieherinnen, Hortnerinnen etc.

Wie wir Macht einsetzen

Ich versuche heute, meine feministische Gesinnung wie folgt auszuleben: Ich bin bestrebt, wenn möglich keine Herrschaftssprache zu verwenden, »eine Sprache, die nicht Ordnung schaffen will in der Welt, sondern die versucht, der Welt gerecht zu werden, eine Sprache demütig und anmaßend zugleich« (Marianne Fritz in ihrem Roman: *Dessen Sprache du nicht verstehst*).

Ich verwende wenn möglich keine Expertensprachen (auch nicht im Genderbereich!!), denn sie haben etwas Ausgrenzendes an sich, geben weniger gebildeten Frauen das Gefühl, sie gehörten nicht dazu oder hätten nichts zu sagen.

Ich habe mich bemüht, benachteiligten Berufsgruppen Aus- und Fortbildung zu verschaffen und zu erteilen, z.B. nicht genügend Ausgebildeten, Undiplomierten im Sozialbereich und im Gesundheitswesen. Ein großer Schwerpunkt war immer meine Arbeit mit Freiwilligen, meist aus dem Patriarchat kirchlicher Prägung kommend, oder wegen Mutterpflichten die Berufslaufbahn unterbrechend, andererseits Pensionierten, die ihre freie Zeit nützlich einsetzen wollen und denen die Not anderer unter den Nägeln brennt. Die ehrenamtliche Arbeit dieser Gruppen aufzuwerten in der Öffentlichkeit, ihnen das nötige Rüstzeug mitzugeben, war immer mein Anliegen. In der Weiterbildung von Freiwilligen ging es aber auch immer um emanzipatorische Arbeit, das Bestreben, das Selbstwertgefühl der Frauen zu stärken und ihnen ihre Begabungen bewusst zu machen, an ihrer Laufbahn zu arbeiten. Ein wichtiges Anliegen ist die Zusammenarbeit von Freiwilligen mit bezahlten Professionellen, die Diskussion der Machtfragen, der Unterdrückungsmechanismen, die auf beiden Seiten spielen können. In dieser Arbeit hat mich meine Freundin Marie-Louise Ries, Laufbahnberaterin, sehr unterstützt. Wir haben in manchen Projekten zusammengearbeitet.

Ich unterstütze das Hilfswerk CFD, das sich in seiner Hilfe durch Projekte im In- und Ausland auf weibliche Flüchtlinge beschränkt und das Augenmerk vor allem auf die Situation und die Rechte der Frauen richtet.

Macht bedeutet Können, Vermögen, Einflussnahme. Dies alles hat man uns früher abgesprochen. Macht an sich ist weder gut noch böse, kann aber zu beidem beitragen. Macht wirkt. Und dazu waren Frauen früher eigentlich nicht vorgesehen. Als Machtausüberin wird man zur Täterin, das kann gefährlich werden und darum lassen es viele Frauen lieber sein. Das Wort Macht ist ambivalent wie das Leben oder die Liebe. Leben beinhaltet nicht nur Lebendigkeit, sondern läuft auf den Tod zu, ist vom Tod umfangen. Wer lebt, riskiert den Tod. Wer den Tod riskiert, gewinnt das Leben. Wer liebt, ist glücklich, riskiert aber auch das Leid. Liebe kann nur in Freiheit wachsen, bedeutet aber auch Bindung. Ebenso dialektisch ist der Begriff Macht: Machtausübung zur Ermächtigung von Wehrlosen oder ebenso zur Unterdrückung von Schwachen und Widerständigen. Macht für Leben und Freiheit – oder für die Erhaltung von Ordnung und Disziplin, die den Oberen in der Gesellschaft nützt.

Neue Wege zeigen sich, wenn man sie erhofft, erbittet, ausbrütet, das utopische Denken als reale Möglichkeit der Überwindung einer Krise übt und an Visionen glaubt. Diese Mittel sollen Frauen und Männer machtvoll einsetzen.

Der Mensch hat die Möglichkeit, einen anderen Weg auszudenken und ihn dann auch zu gehen. In dem, was gering geachtet wird, liegt häufig die Rettung – und das könnten unter anderem die lange missachteten, als weiblich apostrophierten Eigenschaften sein.

Ich glaube, dass wir gestraft werden, wenn wir die Fantasie weiterhin als liebenswürdige weibliche Zugabe betrachten und nicht merken, dass sie vielleicht das Einzige ist, das wir zu unserem Überleben noch einsetzen können.

Emanzipation von Frauen und Männern

Wenn ich auch Vorbehalte gegenüber dem Feminismus habe, dann deswegen, weil ich wie viele andere auch seine Gefahren sehe. Ich bin keine Freundin von Frauengrüppchen, wo sich Frauen nur gegenseitig selbst bestätigen. Männer zu verachten und zu benachteiligen, nur weil sie als Männer zur Welt gekommen und dementsprechend sozialisiert worden sind, würde nur zur Umkehrung der Männerherrschaft zur Frauenherrschaft, also zu nichts führen. Der Weg der Emanzipation der Frau ist vermutlich generationenlang und er führt nur ans Ziel, wenn er auch zur Emanzipation des Mannes von seiner angedrillten Herrschaftsrolle beiträgt. Meine Lebensepoche zeichnet sich durch große Fortschritte und Verunsicherungen auf beiden Seiten aus.

Die klassischen Geschlechterrollen sind heute dermaßen erschüttert, dass auf dem Gebiet der Beziehungen ein großes Desaster entstanden ist. Obgleich hier viele Faktoren mitspielen, so ist doch sicher, dass die Unabhängigkeit der Frau dazu beiträgt, dass es immer schwieriger zu werden scheint, dauerhafte Beziehungen zwischen den Geschlechtern herzustellen. Aber das braucht nicht so zu bleiben. Die Lernprozesse gehen weiter. Dass Bindung nur möglich sein soll, wenn dabei eine Seite dauernd in Abhängigkeit gehalten wird, kann ja keine Lösung sein. Persönlich hat mir das Buch der bekannten Frauenforscherin Christina Thürmer-Rohr: *Mittäterschaft und Entdeckungslust* weitergeholfen. Sie thematisiert die Tatsache, dass Frauen im Patriarchat nicht nur Opfer, sondern auch Mittäterinnen sind, in gewisser Hinsicht auch seine Nutznießerinnen. Ich denke, dass auch die zugespitzte Forderung der Feministinnen nach Berufstätigkeit der Frau, die gleichzeitig eine Herabsetzung der Hausfrauentätigkeit zur Folge hatte, relativiert werden muss.

Die Mutter

Die Geschlechtsrollen werden im Elternhaus vorgebildet. Die Mütter meiner Frauengeneration waren mehrheitlich noch nicht berufstätig, ihre Frauenrollen waren patriarchalisch genormt. Das Frauenstimmrecht wurde erst 1971 eingeführt, damals war ich schon fast vierzigjährig. Die Rechte der Frauen haben im letzten Jahrhundert vorwiegend jene Pionierinnen erstritten, die bereits eine Mutter hatten, die für ihren Unterhalt, vielleicht auch denjenigen ihrer Kinder, selbst aufkam, oder sie hatten demokratisch denkende, freiheitlich gesinnte und emanzipierte Eltern.

Bei mir war das nicht so. Meine Mutter könnte man geradezu als Musterbeispiel einer altmodisch-unemanzipierten christlichen Frau bezeichnen. Sie war eine Pfarrfrau, welche die inzwischen gesellschaftlich abgeschriebene Rolle der unentgeltlichen Gehilfin ihres Mannes in allen Gemeindeangelegenheiten mit selbstverständlicher Hingabe und ohne auffallen zu wollen, erfüllte. Sie war Mutter von elf Kindern, die in kurzen Abständen zur Welt kamen, und später wuchs sie, ohne nach ihren eigenen Wünschen zu fragen, in die sich ergebenden Aufgaben als Großmutter hinein. Bis ins hohe Alter kümmerte sie sich um Alte, Alleingebliebene, überhaupt Menschen mit schwerem Schicksal, besuchte sie ohne jedes Aufheben, hörte ihnen zu, schrieb ungezählte Briefe und, wie wir erst nach ihrem Tode erfuhren, schloss sie in ihre täglichen Gebete ein, die vermutlich der verschwiegene Sammelpunkt ihrer Persönlichkeit waren. Ihr ureigenstes Gebiet war immer ihre Haushaltung. Gab es eine Unterbrechung, war sie einige Tage weg, so kam sie erst wieder ins Lot, wenn sie ihren Alltagstritt wiedergefunden hatte.

Eigentlich hätte sie Lehrerin werden wollen, aber nachdem ihre Mutter, an der sie sehr hing, gemütskrank geworden war, verzichtete sie auf diesen Wunsch und pflegte sie. Nach deren Tod heiratete sie den Pfarrer, der sie, elf Jahre älter, konfirmiert hatte. Sie war also gar nie berufstätig, sondern immer im Häuslichen beheimatet geblieben.

Was fängt man als Tochter, die vor allem das Geistige im Leben sucht und eine enorme Weltneugier hat, mit so einer Mutter an?

Als älteste Tochter habe ich nach Abschluss der obligatorischen Schulzeit ein Jahr lang in ihrem Haushalt mitgearbeitet und später bis zum Eintritt in die Schule für Sozialarbeit immer wieder während Monaten, insgesamt mindestens drei Jahre. Ich habe maßlos unter den Versuchen meiner Mutter gelitten, mich an das Kleine und Geringgeschätzte zu gewöhnen. »Wer im Kleinen getreu ist, der wird es auch im Großen sein«, war ihr Leitspruch, den sie mir gegenüber oft zu wiederholen genötigt war, denn ich erledigte eben gerade das Kleine schlecht, ohne Interesse und Liebe. Ich lehnte mich auf, empfand Verachtung für das, was meine Mutter tat, und gab ihr das zu spüren. Alles, nur nicht so werden wie sie. Es brauchte ein halbes Leben, um sie in einem andern Licht zu sehen. Zum Glück habe ich sie während ihrer letzten Lebensjahrzehnte näher kennengelernt, wozu vor allem das wohlwollende Verständnis beitrug, mit der sie meinen eigenen Weg begleitet hat, der doch ziemlich anders verlaufen ist als der ihrige.

Die Mutter war für mich in aufreizender Weise dem Kleinen und Unscheinbaren verhaftet. Sie trug dem kleinsten bisschen Sorge, strich mit der Hand nicht mehr gebrauchte Papiersäcke glatt und ordnete sie gewissenhaft in die Küchenschublade ein, sie stand nachts spät noch in der Küche vor einem riesigen Topf brodelnden Holunders, tauchte immer wieder den Kochlöffel in den Saft, zog ihn hoch und prüfte die Konsistenz des herabträufelnden Fruchtfadens, harrte geduldig aus, bis der Gelee so war, wie er sein sollte. Ihr Alltag war endlos und von gnadenloser Eintönigkeit. Sie schien sich damit abgefunden zu haben, hatte aber kleine Oasen, die sie, die zeitlebens eine meisterhafte Selbstversorgerin war, entschlossen für sich selbst aussparte, wobei sie den Oasen mit dergleichen Disziplin Sorge trug wie der Arbeit. Sie erledigte alles auf eher langsame Weise, Schritt für Schritt. Wenn die Kinder im Bett waren, saß sie täglich unter der Esstischlampe und besserte die tagsüber zerrissenen Socken, heruntergerissenen Schürzentaschen und Rocksäume aus, nähte abgerissene Knöpfe an und wifelte schadhafte Stellen an den Ellbogen von Hemden und Blusen. Unsere Kleider wurden von Kind zu Kind weitergetragen und waren teilweise so durchgescheuert, dass der Stoff dünn wie Batist war, die Socken so geflickt, dass man kaum mehr erkennen konnte, welche Farbe sie einmal hatten – und kaum war ein Loch geflickt, entstand daneben ein anderes. Aber mit zerrissenen Sachen gingen wir nie in die Schule, das wäre der Natur meiner Mutter zuwider gewesen. Man muss allem Sorge tragen, war ihr ins Herz geschrieben. Mir scheint, dass die Mutter einen akkuraten Sinn für das Maß ihrer Zeit und Kraft hatte und sich ihre Aufgaben auch danach einrichtete. Wenn dies einmal nicht möglich war, machte sie sich in lauten Tönen und ohne Rücksicht auf Konventionen Luft. Hernach ging es ihr wieder gut. Der Seelenhaushalt meiner Mutter glich genau der Ordentlichkeit, mit der sie auch ihr Hauswesen betrieb.

Beim Bettenmachen im Eheschlafzimmer verbat sie sich energisch, gestört zu werden, denn dann kam sie für zehn Minuten zur Ruhe und las nach dem Losungsbüchlein ihren täglichen Bibelabschnitt. Nach dem Mittagessen legte sie sich jeden Tag hin, streckte die Beine aus und las in ihren Lieblingsbüchern: Fontane, Gotthelf, C. F. Meyer, Marie von Ebner-Eschenbach. Abends, wenn die Kinder eingeschlafen waren und sie die Schachteln mit den Knöpfen, Litzen, Wollfädchen und Garnknäueln nach der Flickerei weggeräumt hatte, ging sie noch für eine Viertelstunde in die »gute Stube«, klappte leise den Deckel des Klaviers auf und nahm ihre Noten hervor: Schuberts Impromptus, das Notenbüchlein der Anna Magdalena Bach. Ihre Lieblingsmusik war die A-Dur-Sonate von Mozart, vor allem der erste Satz.

Trotzdem sie »immer nur für andere lebte«, verbitterte und verkümmerte sie nicht daran. Sie muss einen inneren Raum gehabt haben, in dem sie das viele verarbeitet und abgelegt hat, was in ihrem Leben schwer und bitter war. Mit dem Alter wurde sie immer heiterer und war von einer durchsichtigen Leichtigkeit, überdies mit einer bemerkenswerten Gesundheit gesegnet. Sie ging ganz bewusst ihrem Tod entgegen und starb mit 86 Jahren leicht und ohne Aufheben.

Jungmädchenträume

Für mich war das Leben und die Mitarbeit zu Hause im Alter zwischen 16 und 20 Jahren grauenvoll, kaum auszuhalten. Ich, mit meinem Hunger nach Schönheit und Größe, Beachtet- und Bestätigtwerden, nach Gestalten und Leisten! Stattdessen Windeln auswaschen, jeden Tag einen kleinen Zuber voll, von Hand, essensunlustigen kleinen Brüdern Brei in den Mund stopfen, Unterhosen flicken, Böden aufnehmen und nach ein paar Stunden gleich noch einmal. All das, während meine Brüder im Gymnasium Heraklit und Goethe lasen, im Schülerorchester spielten und den ersten Preis im Zeichenwettbewerb gewannen!

Ich flüchtete mich in Träume. Während ich meinen kleinen Schwestern die Zöpfe flocht, wanderte meine Fantasie in andere Welten. Ich sah mich langsam eine Schlosstreppe hinaufsteigen, in einem Abendkleid mit Schleppe, und jemand warf mir eine Rose zu. Ich stand auf einer Bühne und verneigte mich vor dem Applaus ergriffener Zuhörer, die meinem Gesang gelauscht hatten. Der Fantasieroman, den ich schon in der Primarschule heimlich niederschrieb, war ein Kitsch-Traum der eher verhängnisvollen Art. Fast wie auf einem Käthe-Kollwitz-Bild von hungernden Kindern, die nach Brot schrien, gab ich meinem inneren Hunger, dem gähnenden Loch auf dem Grund meiner Seele Ausdruck, indem ich mich in die Rolle einer barmherzigen Schwester stürzte, die leidenden Kindern in einem Berliner Lazarett Brot und Kakao reichte, die Fenster öffnete und Luft hereinstreichen ließ, über Köpfe streichelte und Bettdecken über nackte Schultern breitete. Dieser Romanversuch, in dem ich auf die Straße ging und die Elenden zusammensammelte, in dem ich an Pfarrhäuser klopfte und den Pfarrherren die Leviten las, ihre Pfingstrosenbüsche plünderte und die Rosen ins Lazarett trug, umfasste viele Seiten, und ich vergrub ihn schließlich im Gemüsegarten.

Währenddem ich begeistert C. F. Meyer las, das vom Vater geschenkte *Huttens letzte Tage* – »Mich reut, ich beicht es mit zerknirschtem Sinn – dass ich nicht Hutten stets gewesen bin!« –, hantierte ich mit Stricknadeln, Faden und Schere, kreierte Kunstgewerbliches. Ich bastelte vor mich hin und wagte es nicht, den Deckel über meiner Vorstellungskraft anzuheben oder einen kühnen Sprung zu machen aus der Welt meiner Träume hinaus. Mit meinen Handarbeiten kopierte ich im Gegenteil verbissen das Milieu, in dem ich lebte und fast erstickte, verschönerte und verzierte es, als ob ich mit Gewalt eine Welt mit gestutzten Flügeln anpreisen wollte. Ich zog die Puppen meiner jüngeren Schwestern an – und es wurden exakt jene Muster-Pfarrhauskinder mit ordentlichen Zöpfen, gestickten Kleidchen und weißen Schürzen, die sich so korrekt aufführten, wie es mir nie gelungen war. Mit dem mickrigen Material, das mir zur Verfügung stand, stickte ich Buchhüllen und Buchzeichen, kurz, ich machte also das Gleiche wie viele Hausfrauen, die das Zu-Hause-Herumsitzen leid sind und dieses Daheim dann mit Spitzendeckchen, Sofakissen und Makramee-Wandbehängen verzieren, statt auszubrechen.

Mehreres gleichzeitig tun

Nun muss ich aber gestehen, dass ich bis heute gerne stricke und sticke. Im Laufe der Jahre wurde mir das Abstricken eines Fadens, das ornamentale Sticken zur fast unentbehrlichen Grundierung meiner Konfliktbewältigungen, meiner seelischen und geistigen Prozesse. Ich kann von verschiedenen, in meiner Wohnung herumliegenden Handarbeiten auf Anhieb sagen, vor welchen inneren Entscheidungshürden, bei welchen geistigen Konzeptionen sie mir Hebammendienste geleistet haben. Je schwerwiegender und angstbesetzter der Prozess ist, desto umfangreicher und komplizierter die dazu gehörige Strickerei! Bei der vielleicht risikoreichsten Entscheidung meines Lebens, bei der ich über meinen eigenen Schatten springen musste, waren achtundvierzig Strang Wolle und ein mörderisch schwieriges irisches Strickmuster mit Zöpfen, Noppen und Lochmustern nötig! Aber mein Wagnis ist gelungen und die in wenigen Wochen gestrickte Decke wärmt mich noch heute. Sich stören, sich ablenken zu lassen, tausend Dinge gleichzeitig am Laufen halten und zu bedenken: das ist Frauenwerk bis heute. Ich schreibe meine Bücher nicht in einem Refugium in der Toskana und habe niemanden, der mir meine Manuskripte tippt, habe niemanden, der für die Infrastruktur aufkommt wie so viele Männer, die sich aufmachen, um ein Buch zu schreiben und sich dafür eine Muse halten. Bei mir läuft wie bei den meisten Frauen »alles nebeneinander«: Haushalt, für den Mann da sein, für den Lebensunterhalt sorgen und eben, sich immer wieder stören lassen. (Allerdings muss ich betonen, das ich einen außerordentlich emanzipierten und hilfsbereiten Mann habe, der mich zu meinen nächtlichen Lesungen begleitet und im Haushalt tüchtig mit anpackt.) Aber von meiner Mutter habe ich gelernt, dass es ein Sätzchen wie: »Ich habe keine Zeit« eigentlich nicht gibt.

Ich sehe die Mutter vor mir, wie sie mit rascher Bewegung die Küchenschürze losbindet, weil der Vater in der Tür steht und mit leiser, bittender Stimme fragt, ob sie einen Moment Zeit habe. Er komme nicht weiter mit der Predigt. Mit behenden Schritten folgt sie ihm die Treppe hinauf, verschwindet mit ihm im Studierzimmer, wo Umgang mit Depression und Verzweiflung gefragt ist, die Mutter, die auch manchmal zum Telefonhörer greift und beherzt den Freund und Nachbarskollegen von Vater zum Herkommen bittet. Mutter, die den Missionsbasar organisiert und mit in die Hände gestütztem Kopf berechnet, wie viel Wolle und Stoff für den nächsten Basar eingekauft werden muss, die an stillen Sonntagen, wenn der Vater mit den Kindern auf dem Sonntagsspaziergang ist, an ihrem Schreibtisch sitzt und mit ihrer schönen Füllfeder, die sie einst zur Konfirmation erhalten hatte, ihre Briefschulden abträgt.

Von außen betrachtet war die Mutter eine Dienerin, unscheinbar, ohne Beruf und mit Hochachtung für den Mann, den sie in jeder Beziehung über sich stellte, wie ihr Bibelverständnis ihr das eingab. Aber ihrem tatsächlichen Leben gemäß war sie, wie schon viele unscheinbare Frauen vor ihr, entscheidungsstark, verantwortungsbewusst und ungeheuer belastbar. Sie verfügte über beträchtliche Führungskompetenz und legte ein außerordentliches Organisationstalent an den Tag, konnte strategisch denken in der Führung ihres vielschichtigen Betriebes, wusste mit Geld umzugehen. Sie konnte mutig auftreten, wenn es um Fragen der Gerechtigkeit ging, nicht nur zu Hause, sondern in späteren Jahren auch an Gemeinde- und Kirchgemeindeversammlungen. Diese Fähigkeiten hat kaum jemand hervorgehoben und sie waren ihr wohl auch selbst nicht bewusst. In Tat und Wahrheit bewies sie in der Führung eines breit gefächerten Hauswesens und der Erziehung und schulischen Förderung von elf Kindern plus Pfarrfrauenpflichten eine geradezu generalstabsmäßige Kompetenz und es war auch immer wieder sie, die nach endlos langen Erörterungen meines entscheidungsschwachen Vaters dem Hin und Her ein Ende setzte und das Heft in die Hand nahm, so z. B. in den ausweglosen Konflikten mit der Kirchenpflege, in Gelddingen oder in Erziehungsfragen. Eigentlich war sie der unsichtbare Hauptmann der Familie. Ihre kleine, zierliche Gestalt, ihr leises Auftreten und ihr sanftes Wesen entsprachen ihren weiblichen Vorstellungen und dem konservativen weiblichen Idealbild meines Vaters. Aber in Wirklichkeit war sie die willensstarke Führerin, die der von Selbstzweifeln zerrissene Mann brauchte. Sie verkörperte den Typus, der niemals auffallen will, aber, von einem kleinen Sonnenstrahl beleuchtet, allgegenwärtig und unentbehrlich ist. Mindestens vordergründig hatte sie nicht im

Sinn, die Führungsrolle zu übernehmen, aber ihre Lebensenergie war die stärkere.

Aber diese Stärke hat sie nur im erweiterten Familienkreis ausgelebt – und auch da nur verdeckt. Frauenmacht war ihr von Herzen suspekt. Sie war keine Kämpferin für das Frauenstimmrecht, auch wenn sie es später gewissenhaft ausgeübt hat. Sie war tief überzeugt, dass in allen Dingen der Ratio, der öffentlichen Belange etc. der Mann der Frau überlegen sei und sie sagte dies auch ohne Umschweife gegenüber Töchtern, die schon im reiferen Alter und mit öffentlichen Aufgaben betraut waren. Während sie sich von offener Machtausübung fernhielt, bediente sie sich virtuos der trickreichen Frauenmacht. Sie band die Menschen mit sanfter Fessel an sich, und sich davon zu befreien war schwierig, wohl vor allem für die Söhne.

Wahlfreiheit

Äußerlich zwar freiwillig, aber durch Verinnerlichung der elterlichen Ideale ohne echte Wahlmöglichkeit, erlernten wir sieben Schwestern wie vorgegeben einen traditionell weiblichen Beruf eher untergeordneter Art, wurden Sozialarbeiterin, Krankenschwester, Lehrerin, Hauspflegerin, Sekretärin, Hausbeamtin, Kindergärtnerin, während die vier Brüder ohne Ausnahme einen Uni-Abschluss machten. An unserer Familie könnte man wirklich zeigen, was sogenannte »patterns«, d. h. Sozialisationsbedingte Verhaltensmuster sind.

Von uns Töchtern übt heute keine mehr den erlernten Beruf aus, alle haben sich auf die Suche gemacht, auf einen Weg mit Hindernissen.

Manche junge Frau, die Architektin, Dirigentin, Wissenschaftlerin oder Malerin werden möchte, entscheidet sich aus Mangel an Unterstützung und weil Vorbilder fehlen, für das, »was sie kann«, und das ist vor allem das Soziale, Untergeordnete. Nun wäre es vielleicht richtig, diesen Satz in die Vergangenheitsform zu setzen, denn tatsächlich hat sich seit den Zeiten meiner Jugend sehr vieles zum Guten geändert, aber der Aufbruch hat noch lange nicht alle Milieus und Schichten erreicht – und deshalb lasse ich den Satz vorläufig noch im Präsens stehen.

Hanna Arendt sagte: »Das Menschenrecht ist das Recht eines jeden, Rechte zu haben.« In meinem Kontext heißt das nun auch: das Recht, eigene Begabungen zur Entfaltung zu bringen. Aber woher weiß Frau, vor allem wenn sie aus christlichem Hause mit entsprechendem Muttervorbild stammt, ob sie begabt ist? Die Künstlerin Meret Oppenheim sagte: »Die Frau hat gar kein eigenes Selbst.« Will heißen, sie richtet sich stets nach dem, was man von ihr erwartet. Das ist mit ein Grund dafür, warum in der Schweiz nach dem Menschenrechts-Spezialisten Walter Kälin vor allem die Rechte der Frau in drei Punkten noch immer massiv verletzt werden:

➢ Häusliche Gewalt (Männer bringen Frauen um, aber das Sturmgewehr muss weiterhin zu Hause aufbewahrt werden, wegen der Tradition (!), so beschlossen vom immer noch überwiegend männlichen Parlament im Sommer 2006)

- Sklaverei (Menschenhandel mit Frauen aus Armutsländern zum Zweck der Prostitution in schweizerischen Bordellen)
- Geschlechterdiskriminierung (noch immer liegen in der Schweiz die Frauenlöhne rein geschlechtsbedingt 10–20 Prozent unter denjenigen der Männer)

Ich glaube, dass erst, wenn die häuslichen und mütterlichen Tätigkeiten der sogenannten Haus- und Familienfrauen, vor allem aber auch die wenig angesehenen und schlecht bezahlten Frauenberufe der Hortnerin, Kleinkindererzieherin, Hauspflegerin, Altenpflegerin aufgewertet sind, es Frauen in akademischen Berufen gelingen wird, sich so zu entfalten, wie es ihrem genuinen Geschlecht entspricht. Solange ein Teil von uns, den wir mit der Muttermilch eingesogen haben – ich sage es pathetisch: die Frau als Hüterin und Bewahrerin alles Lebendigen –, als wenig anerkannt abgespalten werden muss, reüssieren wir nur als Anpasserinnen auf der Männer-Schiene, von seltenen Ausnahmen abgesehen. Ein Vorbild ist mir die kürzlich verstorbene Alt-Ständerätin Dr. h. c. Josi Meier aus Luzern. Als unverheiratete Frau hat sie sich die Männer-Leiter hochgekämpft bis zur selbstständigen Anwältin und energischen Politikerin im National- und Ständerat. Das Kennzeichen ihrer Wirksamkeit bis in die letzten Tage ihres Lebens war letztlich nicht ihre Intelligenz und ihr durchschlagender Witz, sondern ihre Mütterlichkeit und Güte, mit der sie sich auch oft ungeniert gegen die Meinung ihrer Partei stellte, wenn es darum ging, Schwache und Unterdrückte in ihr Recht zu setzen. Dafür brauchte sie ihre Positionsmacht, ihre erreichte materielle Unabhängigkeit. An ihrer Beerdigung kennzeichnete sie ein männlicher Redner so: »Eine starke Frau mit ausgedehnter Schwäche für die Schwachen!«

Mit 24 Jahren beschloss ich, die Matur nachzuholen und später zu studieren. Ich absolvierte den Matura-Lehrgang bei der damals neuen Akademikergemeinschaft, abends nach der Arbeit, einer 100-Prozent-Stelle auf der Gemeindefürsorge. Kurz vor der Matur gab ich auf. Es ist mir bis heute nicht klar, was die Gründe dafür gewesen sind. Hatte ich Schuldgefühle gegenüber der, nach der Abwahl meines Vaters, prekären Situation meiner Eltern, wagte ich als damals einziges verdienendes »Kind« nicht, die bezahlte Arbeit aufzugeben und jahrelang die Studienbank zu drücken? Oder hatte ich Angst, den von der mütterlichen Tradition vorgegebenen Weg zu verlassen? Oder befürchtete ich, dass die akademische Laufbahn mich zu sehr einengen, insbesondere mein weibliches Arbeitsvermögen zu sehr einschränken würde? Ich kann die Frage bis heute nicht beantworten.

Ich hatte eine außergewöhnliche Mutter. Die große äußere Abhängigkeit hat die intelligente Frau nicht daran gehindert, ihre innere Selbstständigkeit zu bewahren. Ihre innere Gestalt ging trotz immensen Lebensbelastungen nie in Trümmer, sondern hat sich im

Laufe ihres Lebens gefestigt. Sie starb einen heiteren Tod als souveräne alte Christin, die vergeben hatte, wo etwas zu verzeihen war. Sie war mir in wesentlichen Lebensentscheidungen immer ein Vorbild.

Die Mutter bleibt eben doch die Mutter. Mit einem Rest meines Wesens bin ich wohl immer an sie gebunden.

6

Aufbruch zur gesellschaftlichen Veränderung

Es war ein schier unwirklicher Frühlingstag. Am Himmel noch ein entrücktes, aber schon heimtückisches Blau, die Berge drohend im Anmarsch, die Kirschbäume bebend unter den Greifhänden des Föhns. Die weißen Blüten wirbelten verwegen durch die Luft. In der Tiefe der Urnersee, schwarz wie Tinte. Weiße Schäumchen auf den Wellen, nichts Gutes verkündend. Und am Horizont türmten sich schon die Gewitterwolken.

In der unheilschwangeren Luft spazierte ein untersetzter, älterer Herr im dunklen Anzug mit kurzen Schritten den Morschacher Hügel hinunter und verschwand im Betonbau Bildungsstätte Mattli. Drinnen wartete eine Klasse der Schule für Sozialarbeit Zürich auf Konrad Farner. Und ich hatte mich im letzten Moment entschieden, an der Tagung mit teilzunehmen, hatte sogar eine andere wichtige Verpflichtung deswegen abgesagt. Es gab keine rationale Begründung für diesen Entschluss, nur das Gefühl, die kontradiktorische Veranstaltung mit dem Marxisten Farner, bekannt als eloquenter Redner, und einem reformierten Pfarrer, von dem ich fürchtete, dass er blass aussehen würde, brauche meine Anwesenheit.

»Wollen Sie mit mir eine Partei ›Christentum und Sozialismus‹ gründen?«, fragte mich Farner am frühen Morgen des folgenden Tages geradeheraus. Ich wollte zuerst lachen, sah aber, dass diese Frage eine ganz drängende für ihn war, sozusagen eine Lebensfrage. Ich hatte ihn in der Frühmesse in der kleinen Kapelle der Heimstätte vermisst. Er hatte mir vor Mitternacht versprochen, daran teilzunehmen. Aber ich saß allein unter den Fenstern des Andachtraums, die farbenfroh den Sonnengesang des Franz von Assisi preisen. Ich war höchst unruhig – und als es zur Kommunion ging, ging ich, obwohl protestantisch, nach vorn, streckte dem Priester die Hand hin, schluckte aber die Oblate nicht, sondern ließ sie in meine Jackentasche gleiten. Fast wie in Trance trat ich nach der Messe ins Sonnenlicht – und sah unter einem Kirschbaum auf dem Hügel Farner stehen. Ich eilte bergauf zu ihm, wo er mir seine überraschende Frage stellte.

Ich nahm die Oblate aus der Jackentasche und wir teilten sie untereinander auf, dabei fiel kein Wort. Das Gewitter war verrauscht, die Luft frisch, an den Ästen hingen die letzten Tropfen. Ich merkte, dass Farner sehr bewegt war, während ich nicht recht wusste, wie mir geschah.

Wir liefen bis an den Rand des Plateaus und schauten in die Tiefe, wo spiegelglatt der See lag.

»Ich liebe Sie«, sagte Farner unvermittelt. Seltsame Bräuche haben diese Marxisten, dachte ich – aber ich hatte schon Feuer gefangen.

Wir blieben miteinander verbunden bis zu seinem Tod vier Jahre später.

Christentum und Sozialismus

Am vorgängigen gewittrigen Abend hatte Farner nicht Marxismus doziert, sondern mit verblüffendem Wissen und einer engagierten Liebe zur Sache die Bibel für mich ganz neu erzählt, desgleichen die Geschichte der christlichen Kirche. Was ich hörte, war atemberaubend. Es war, als hätte ich in meinem bisher traditionell christlichen Lebenslauf nur die eine Hälfte der kirchlichen Geschichte mitbekommen und als würde Farner nun das schwarze Tuch über der verborgen gehaltenen andern Hälfte wegziehen. Was zum Vorschein kam, war von ungeheurer Kraft und ließ die mir bekannte Hälfte in einem andern Licht erscheinen. Die biblischen Geschichten waren nicht mehr die Geschichten der Rechtschaffenen und Vorbildlichen, sondern sie erstanden neu als Geschichte der Rechtfertigung der Unterdrückten und Schwachen. Überraschend war vor allem, dass diese vom Rand ins Zentrum rückten und zu Hoffnungsträgern der Veränderung der Welt wurden. Farners Schilderung der Geschichte der Kirche ergab nicht nur das

Bild von satten Herrschern, die sich mit weltlicher Macht verbündeten und an der Unterdrückung von Schwachen teilnahmen, sondern auch das von intoleranten Kirchenfürsten, die im Namen des Glaubens Andersdenkende gnadenlos verfolgten. Es wurden für mich christliche Gestalten und Bewegungen auf der Schattenseite der mächtigen Kirche sichtbar, Häretiker wie die Katharer und Mystiker im Mittelalter, oder die vergessenen Kirchenväter aus den ersten Jahrhunderten mit ihren radikalen Worten zu Gemeineigentum und Privateigentum, dann die revolutionären Erneuerer in den Orden wie Joachim Fiore und Meister Ekkehart, nach der Reformation die Männer des sozialen Pietismus wie Zinzendorf, Oetinger und Blumhardt, später Leonhard Ragaz, nach dem Zweiten Weltkrieg die Basisbewegungen in der Dritten Welt und die Theologie der Befreiung.

Das war eine geballte Ladung. Ich war elektrisiert – und wütend. Wieso war ich in einem so christlichen Milieu aufgewachsen und hatte bisher von alldem nichts gehört? Man musste diesem Mann da vorn ja nicht alles glauben, aber vorher etwas davon gewusst hätte ich schon gerne, damit ich ihm wenigstens etwas hätte entgegenhalten können. Meine Wut entlud sich dann in einem heftigen Disput mit Farner und einigen Studierenden vor dem Kamin bis zum frühen Morgen, während draußen ein Regenvorhang uns von der übrigen Welt abschloss.

Ich hatte mir den Mann anders vorgestellt. Ich dachte, dass Kommunisten als anti-bourgeois bedürfnislos und asketisch leben. Ich wusste, dass Farner umfassend gebildet war, akademische Abschlüsse in verschiedenen Disziplinen besaß, neben Kunstgeschichte und Philosophie auch Staatswissenschaften und Theologie studiert hatte. Ich hatte ihn mir vorgestellt als asketisch-dünnes Männchen, einen Gelehrten eben, der sich womöglich in einem ungeheizten Dachstübchen hinter Büchern vergrub, einen Menschenhasser vielleicht auch, denn die Schweizer hatten ihm in einer regelrechten Kommunistenhatz übel mitgespielt, ihn und seine Familie aus seinem Wohnort vertrieben und ihn während langen Jahren geächtet, so dass er nichts veröffentlichen konnte und in finanziell prekären Verhältnissen lebte. In Wirklichkeit war er von geradezu aufreizender bürgerlicher Behäbigkeit, einer lebenszugewandten Sinnlichkeit und einer Offenheit gegenüber Andersdenkenden, die mir vor- und nachher nie mehr begegnet ist. Farner liebte die Welt und die Menschen, er war durchdrungen von dieser Liebe. Er fing ihre Schönheit auf in all ihren Facetten. Ich kannte zwar von zu Hause Paul Gerhardts schönes Sommerlied: »Geh aus mein Herz und suche Freud«, aber es war doch alles sehr gedämpft – und gleich folgte wieder die Zerknirschung über die eigenen Sünden und die Last der Welt. Farner wusste auch um das Versagen des Menschen, dazu das Versagen von politischen Ideologien (er war längst aus der kommunistischen Partei ausgetreten, allerdings, wie er sagte, nach »links«). Er suchte den Kommunismus nun vermehrt in den radikalen Thesen des Urchristentums und der »großen Hoffnung«, wie sie, den Menschen übersteigend, im sozialen Pietismus und der Theologie der Befreiung zum Ausdruck kam. Sein Blick auf den Menschen ähnelte demjenigen des russischen Dichters Čechov, es war ein gnadenlos realistischer Blick auf die menschliche Schäbigkeit und Armseligkeit. Aber wie Čechov, selbst schwer krank, dennoch unermüdlich als Arzt seine Patienten pflegte, manche davon unentgeltlich, so hörte auch Farner bis zu seinem Tod nicht auf, den Dialog mit Menschen zu suchen und von der großen Hoffnung zu sprechen. Er suchte dabei weniger die Wärme von Gesinnungsgenossen als den erfrischenden Disput mit Andersdenkenden, er war ein eingefleischter Dialektiker und zitierte oft Karl Barth: »Man versteht nur dann einen Gegner, wenn man immer auch für ihn argumentiert.« Dieser Satz, personifiziert durch Konrad Farner, ist mir zum lebenslänglichen Leitwort geworden. Solche Offenheit wirkt aber anstößig. Das erfuhr Farner, der wiederholt als Scharlatan bezeichnet wurde, und das widerfährt mir, wenn ich z.B. bei aller politischen Gegnerschaft zu meinem Bruder Christoph Blocher in gewissen Punkten seines politischen Handelns und in der Beurteilung seiner Persönlichkeit auch für ihn argumentiere. Die Menschen haben immer Angst, man falle auf einen andern herein, wenn man an ihm auch einen guten Faden lässt. Die strikte Ablehnung von etwas oder jemandem heißt in Wirklichkeit aber meistens, dass man sich scheut, sich selbst auch in Frage stellen zu lassen von einer andern Meinung.

Farner hat in mir Standpunkte verrückt. Ich bekam durch ihn eine neue theologische Sicht, weg von der Leidensideologie und hin zur Lebensfreude, zur Bejahung der Sinnlichkeit in jeder Ausprägung, zur Annahme des Geschenks des Lebens. War es nicht auch Franz von Assisi, der in seinem Sonnengesang täglich die Schönheit der Schöpfung und des Lebens preist? Freilich war das alles bei mir auch schon da gewesen, aber das Trockene, Spartanische, Abstinente im Lebensstil hatte überwogen. »In protestantischen Pfarrhäusern bekomme ich meistens nur Birchermüesli vorgesetzt«, monierte Farner, und deshalb waren ihm katholische Klöster lieber, wo es wenigstens ein gutes Glas Wein gab. Birchermüesli hätte er auch bekommen, wenn er in meinem Elternhaus eingekehrt wäre. Zum Lebensreichtum gehörte für Farner Eros ebenso wie Agape und er hasste es, dass die Kirche die Agape als edler betrachtete. Genießen dürfen, das war für mich ein Weg, der erst zu lernen war.

Mit seiner Parteinahme für Randständige und Ausgegrenzte, biblisch fundiert, rüttelte Farner mich auf und bestärkte mein eigenes Empfinden, das immer schon in mir war, aber durch die Ausbildung teilweise verschüttet wurde. Für ihn waren die Randständigen die Mitte, das Zentrale, das Salz, der Ort, wo Wahrheit des Lebens offenbart wurde und Leben zu holen war. Er schenkte mir eine Reproduktion des Gemäldes *Gilles* von Antoine Watteau. Der Clown steht da, in lächerlich übergroße Kleider gesteckt, mit hinunterhängender Hose, dem schallenden Gelächter der Zuschauer preisgegeben. Auf die Rückseite des Bildes notierte Farner: »Nur wer auf dieser Welt bis in die letzten Tiefen der Demütigung gefallen ist, viel tiefer noch als ein Bettler, nur wer nicht nur jeder sozialen Anerkennung bar ist, sondern sogar der elementaren menschlichen Würde: der Vernunft – nur der vermag tatsächlich die Wahrheit zu sagen.« (Simone Weil) Diese Radikalität der Sicht holte mich aus der beruflichen Lethargie und ich erkannte, dass reines Fachwissen eine ziemlich dürre Wiese ist, die noch kein Verrücken von Standorten bewirkt.

Wie dieser lebensfreundliche Mann in früheren Jahren ein Stalin-Bewunderer hatte sein können, sogar ein Buch über ihn geschrieben hatte, war mir ein Rätsel. Durch Farner lernte ich, wie gerade der suchende Mensch, der sich hohe Ziele setzt, vor katastrophalen Irrwegen nicht gefeit ist – und seither wende ich mich rabiat gegen Demontagen von Persönlichkeiten, nur weil sie in einem früheren Leben mal Kommunisten oder Nazis waren. Mir kommt es darauf an, was einer mit seinem Irrtum anfängt und nicht, ob er in seinem Leben einmal in die Irre gegangen ist. Farner hat den »Konstruktionsfehler im Kommunismus«, wie er es nannte, in der Theorie des Sozialismus, relativ spät erkannt. Wieso er, der die Freiheit des Menschen über alles stellte, die totale Unfreiheit dieses Systems nicht früher sah, ist mir unbegreiflich. Die letzten 15 Jahre vor seinem Tod hat Farner jedoch all seine Energie auf den christlich-marxistischen Dialog verwandt und darüber viele

Bücher, Aufsätze und Reden verfasst. Er warf dem Marxismus vor, dass er die individuellen Belange des Menschen, seine individuelle Freiheit, viel zu wenig ernst nehme – und umgekehrt geißelte er die Kirchen, dass sie sehenden Auges mit staatlicher und struktureller Macht kooperierten, die alles andere als den evangelischen Auftrag erfüllten. *Marxistisches Salz für christliche Erde – Christliches Salz für marxistische Erde*, hieß eines seiner Bücher.

Die Kraft des dialektischen Dialogs

Durch Farner habe ich vor allem den dialektischen Dialog kennen- und lieben gelernt.

In späteren Kontakten zu Menschen aus der DDR, in ausgiebigen Diskussionen mit Studentinnen und Studenten, durch Verbindungen zu Institutionen, durch Freundschaften, die z.T. über viele Jahre und über den Fall der Mauer hinweg dauerten, wurde mir bewusst, zu welchen drastischen Einschränkungen der Meinungsfreiheit, zu welchen Bespitzelungen und Repressionen, zu was für einer Günstlingswirtschaft ein Regime führen konnte, das eigentlich die soziale Gerechtigkeit und die Gleichberechtigung aller Menschen auf seine Fahnen geschrieben hatte. Auf Studienreisen mit der Paulus-Akademie Zürich lernte ich aber im west-östlichen und christlich-marxistischen Dialog über die Grenzen auch Menschen der DDR kennen, die sich mit großartigem humanistischen Engagement dafür einsetzten, dass aus dem geistigen Trümmerhaufen des Zweiten Weltkrieges eine bessere Welt entstünde. Ich bewunderte das allgemeine und soziale Wissen der jungen Menschen in diesem Ostland, respektierte ihr Streben und fühlte mich oft beschämt angesichts der Tatsache, dass der Kapitalismus des Westens immer raubtierhaftere Züge annahm. Die Demütigungen, die den Menschen in der DDR nach der Wiedervereinigung widerfahren sind, die Nichtbeachtung dessen, was sie hatten und konnten, kurz die Kolonialisierung alten Stils, wird für beide Teile Deutschlands weitreichende Folgen haben. Für mich ist es klar, dass ein von oben verordneter Sozialismus nicht funktionieren kann, aber es ist ein Leiden, dass der Westen, auf freiheitlichen Konzepten beruhend, die dem Individuum großes Gewicht beimessen, immer stringenter die Polarisierung zwischen Arm und Reich betreibt und bereit ist, ein wachsendes Heer von »Verlierern«, denen menschliche Grundrechte wie Arbeit, Wohnung und Bildung abgehen, einfach in Kauf zu nehmen.

Kurt Marti hat von Konrad Farner gesagt: »Er hat die Freiheit geliebt. Dadurch hat er alle immer wieder herausgefordert: die Bourgeoisie, die Schweizerinnen und Schweizer, die Marxisten, die Christen. Es waren Herausforderungen zum Denken, zum Dialog, zum Handeln im Blick auf eine gerechtere, humanere Welt.«

Und Friedrich Dürrenmatt meinte: »Ich bin stolz auf Konrad Farner. Die Schweiz wäre noch ärmer ohne ihn, und weil sie ihn nicht zur Kenntnis nimmt, ist sie ärmer, als sie zu sein bräuchte.«

Durch Konrad Farner ist mein Leben reicher geworden. Wie in Paulo Freires *Pädagogik der Unterdrückten* ging es darum, im Dialog voneinander zu lernen. Farner ließ sich gerne mit kleinen, gesellschaftlich missachteten Grüppchen ein. Ich sehe ihn noch vor mir, wie er, inzwischen international bekannt, eine Treppe zu einem Kellerlokal hinabsteigt, die Einladung einer Gruppe junger evangelikaler Christen in der Hand. Das Gesicht des Siebzigjährigen strahlte jugendliche Erwartung aus. »Dass die mich einladen«, sagte er gerührt – und der Abend im Keller dauerte sehr lange. Ebenso wie Farner nicht versuchte, mich von meinen Wurzeln zu trennen und von meinem Lebensweg abzubringen, so saß er im Keller mit den Jungen nicht in missionarischer Absicht zusammen. Er hörte zu, ging auf die Leute ein, sagte dann freilich auch ohne Umschweife und mit einer Rhetorik, die manchmal auch etwas Erschlagendes hatte, was er dachte. Seine große Hoffnung, dass die Arbeit an der Verbesserung der sozialen Gerechtigkeit nicht umsonst sei, hatte auf die jungen Menschen eine sehr motivierende Wirkung.

Sich den Abgründen stellen

Die Leidensideologie führt letztlich dazu, sich vom Leiden abzuwenden, es nicht mitzutragen. Das ist mir durch die Gespräche mit Konrad Farner klar geworden. Denn ohne Fähigkeit und Bereitschaft zum Glück ist man wohl auch nicht fähig zur Konfrontation mit dem Leid. Farner schrieb das Vorwort zu einer Ausgabe der fast nicht erträglichen Bilder *Desastres de la Guerra* von Goya und riet mir, nicht zurückzuweichen, sondern mich immer wieder mit diesen Bildern menschlicher Bosheit und menschlicher Grausamkeit und Abgründe zu konfrontieren. Diesen Rat befolgt zu haben, habe ich nie bereut. Ein Helfer, der die Realität nicht sieht, wird schnell umgemäht. Einmal beklagte ich mich bei ihm, dass meine Arbeit für Entrechtete und Benachteiligte so wenig öffentliche Anerkennung erhalte. Er zog die Augenbrauen in die Höhe und sagte erbost: »Pass auf, dass du dir Anerkennung nicht am falschen Ort holst, dort, wo die Leiden deiner Klienten verursacht werden.« Mit seltener Strenge wies er mich auf die auf dem Tisch liegende Bibel hin, die Quelle, in der ich meine Bestätigung finden sollte. Ich begriff, dass Arbeit für Benachteiligte nichts Neutrales sein kann. Man muss sich entscheiden, wo man hingehört. Eine Utopie zu haben, war für Farner lebenswichtig. Leiden um des Leidens willen, Leiden als christliche Tugend, das war mir sehr eingebrannt. Farner konterte mit dem Jesus-Wort: Ihr sollt des Lebens Fülle haben!

Eine Utopie zu haben, ermöglichte Farner auch das Durchhalten. »Warum hat der Herrgott so kleinmütiges Bodenpersonal, wo es doch so eine große Utopie für Christen gibt«, stöhnte er immer wieder. Neben der Tristesse und der Aussichtslosigkeit in den menschlichen Verhältnissen, die sich stets wiederholen, als könne der Mensch wirklich nichts dazulernen, gibt es stets die Utopie des realen, menschenmöglichen Guten, wie es sich in konkreten Lebensbeispielen immer wieder ereignet. Die Utopie sozialer Gerechtigkeit bleibt also nicht etwas unerreichbar Fernes, sondern sie findet auch in einzelnen Momenten und Ereignissen immer wieder statt.

Leben in der Möglichkeitsform

Dass ich das Leben in der Möglichkeitsform lebe, war Farners großer Wunsch für mich. Glauben müsse konkret sein, etwa nach dem Spruch: Wer um Regen betet, vergisst nicht, den Schirm mitzunehmen, auch wenn keine Wolke am Himmel zu sehen ist. Mit Vergnügen erwähnte er immer wieder den frommen Christian B. Blumhardt (Vater), dessen Chiliasmus derart ausgeprägt gewesen sein soll, dass vor seiner Heimstätte Bad Boll Tag und Nacht eine von Schimmeln gezogene Kutsche bereitgestanden habe, um, wenn Christus erscheine, ihn feierlich heimholen zu können. Eine solche, direkte Erwartung sei »die denkbar größte Antithese zur Vermaterialisierung des pseudochristlichen ›Bürgermenschen‹«, argumentiert Farner in seinem Buch *Theologie des Kommunismus,* und alles andere als eine lächerliche Sache. Daran muss ich denken, wenn ich heutzutage auch Kirchenleute reden höre von der »Realität, dass wir sparen müssen«, und die, um die Sparpläne mit Entlassungen und Einsparungen von wichtigen sozialen Institutionen umzusetzen, bedenkenlos Berater aus der Hochfinanz beiziehen. Aber gleichwohl gibt es

Utopisten, wie den Pfarrer der Herrnhuter Brüdergemeinde, der mit fast überirdischer Gelassenheit ein 1993 in Bern entstandenes Projekt »Haus der Religionen – Dialog der Kulturen« vorantrieb, ein Projekt von sage und schreibe 60 Millionen. Es gründete auf nichts als einer Vision einer Hand voll Utopisten, die den Schirm beim Beten mitgenommen hatten und heute kurz vor der Realisation des Projektes stehen, das inzwischen weit über die Landesgrenzen hinaus Aufsehen erregt und von breiten öffentlichen und kirchlichen Kreisen getragen wird. Dass Utopisten oft einen erstaunlich klaren Blick für die Realität und die Hindernisse haben, die ihrem Projekt im Wege stehen, beweist gerade das Vorgehen dieser Gruppe.

»Fassen wir den Konjunktiv ins Auge, der Indikativ sorgt für sich selbst«, rief der Österreicher Adolf Holl auf einer Tagung im Gottlieb-Duttweiler-Institut Rüschlikon anfangs der 70er-Jahre aus. Holl schrieb mir in sein eben erschienenes, später zum Bestseller gewordenes Buch *Jesus in schlechter Gesellschaft* die Widmung: »Das Mögliche umfasst nicht nur die Träume nervenschwacher Personen, sondern auch die noch nicht erwachten Absichten Gottes« (Musil). Und mahnend fügte er der Widmung hinzu: »Für Judith Blocher, dass sie sich richtig entscheidet im Sinne der Möglichkeitsform.«

Holl, Doktor der Theologie und Philosophie, Universitätsdozent für Religionswissenschaft in Wien, hatte wegen seines Buches ein kirchliches Lehrverbot bekommen und war kurz vor der Tagung in Rüschlikon auch als Priester suspendiert worden; ein sehr harter Schlag für einen, der lebenslang im Klerus eingebettet war. Und Holl hatte ja mit seinem Buch *Jesus in schlechter Gesellschaft* keineswegs seinem Glauben abgeschworen, sondern nur Kritik an der Entfremdung der Kirche vom Evangelium geübt. Man spürte ihm auf dem Hügel von Rüschlikon die große innere Verunsicherung und Existenzangst an. Nach Jahrzehnten in einer Ordensgemeinschaft war er nun plötzlich allein auf sich gestellt, musste für sich selbst aufkommen und sich um die profanen Dinge des Lebens kümmern. Er fragte: »Wie viel kostet ein Brot? Was zahlt man für eine Wohnung?« Der dünne Mann wandelte über das freie Gelände des Parks und ich hatte das Gefühl, es hätte ihm jemand einen Bauchschuss verpasst und er liefe nun mit einem Loch in der Mitte seines Leibes herum. Die verwundete Gestalt auf der Frühlingswiese über dem Zürichsee ist mir tief eingeprägt geblieben, und wenn ich heute den greisen Holl im österreichischen Fernsehen sehe, dann wird mir deutlich, was es an innerer Substanz kosten kann, wenn man abgespalten wird vom Baum, in dem man seine Wurzeln hat. Heute gibt es Tausende von Christinnen und Christen, die freiwillig oder unfreiwillig Grenzgänger oder sogar von der Kirche Ausgestoßene geworden sind.

Neue Freiheiten

Wir probierten von der 68er-Bewegung neu entdeckte Freiheiten aus, warfen Sittengebote über Bord, entthronten die Götter der etablierten Gesellschaft, lockerten die Gürtelschnallen, zogen die Krawatten aus, ich ließ mein Haar, das früher stets aufgesteckt war, flattern. Der Körper war das freigegebene große Faszinosum, fantastisch. Wir tanzten unter dem Sternenhimmel über dem Zürichsee. Ich sehe einen jungen Psychiater, der später berühmt werden sollte, vor mir, der wie ein Kind auf einem Gummiball herumhopst. Kindisch sah das aus, aber es begeisterte mich, als ich seine Spielfreude sah. Kraftquellen, die durch rigide Moral eingedämmt waren, strömten frei. Wir machten die Nacht zum Tag, saßen mit Sergius Golowin auf dem Mäuerchen, in der Ferne die untergehende Sonne, unter uns der See, träumten uns in vergessene Märchen und Mythen hinein und nahmen sie ernst. Ich besuchte ein Seminar auf Boldern mit Jürg Jegge und Berthold Rothschild zum Thema der Herrschaftssprache von Fachleuten. »Probleme kümmern sich nicht um Disziplinen, sie trampeln ungeniert in verschiedene Fachbereiche hinein«, sagte launisch der Psychiater Rothschild und geißelte das Gärtchendenken, das Hüten von Macht und Privilegien innerhalb der Sparten der Gesundheits- und Sozialfürsorge, das Abgrenzen von Zuständigkeiten mit dem damit verbundenen Hin- und Herschieben von Klienten.

Die Entmythifizierung der universitären Eliten, das Anfechten der bisher sakrosankten Königsdisziplinen der Wissenschaft brachte kurzzeitig eine Verschmelzung von Bereichen mit unterschiedlichem Status mit dem gemeinsamen Ziel, das Menschsein, die Lust am Leben, das Selbstverwirklichungsrecht eines jeden zu feiern.

Wir hörten die Beatles und sangen die Lieder von Joan Baez und Wolf Biermann: »Oh lass dich nicht verhärten in dieser harten Zeit, die allzu Harten brechen …« Wir lasen die *Freibeuterschriften* von Pasolini und bewunderten den Verleger Klaus Wagenbach, der mit seinen Traktätchen *Die Zwiebel* unser Gemüt aufhellte. Als dann die deutsche Studentenbewegung ins Gewalttätige kippte, Studenten Professoren unflätig behandelten und schließlich die kriminelle und hochgefährliche Gruppe um Baader-Meinhof die Ideale ins Gegenteil verkehrte, saßen wir nächtelang und stritten uns, die einen auf der Seite von Böll, Wagenbach und dem protestantischen Pfarrer und Berliner Bürgermeister Heinrich Albertz, die in den Angeklagten trotz allem auch Menschen sahen, die schreiendes, bestehendes Unrecht rächen wollten, die andern auf der Seite von denen, deren oberstes Ziel es war, die Verluderung des Rechts zu verhindern und die das Rächen von Unrecht durch Unrecht strikt ablehnten. Es fiel nicht leicht, einen eindeutigen Standpunkt zu finden.

Neue Ansätze in der Sozialarbeit

In den Schulen für Sozialarbeit und teilweise auch in der Praxis dominierten damals linkspolitisch gefärbte Definitionen von sozialer Not. In diesen Debatten wurde viel theoretisiert. Es gab plötzlich eine Flut von kritischen Veröffentlichungen über das Sozialwesen, gesehen durch soziologische und politische Brillen mit linker Färbung. Der Standort der Sozialarbeit wurde eindeutig im Umfeld von kapitalistischen Produktionsbedingungen gesehen und es wurde ihr vorgeworfen, eine Zudienerin ungerechter gesellschaftlicher Strukturen zu sein. »Offenbar kann der Anspruch der Betroffenen gegenwärtig nur gegen die offiziellen Institutionen durchgesetzt werden«, stand in einem Buch, an dem sogar der damalige Rektor einer Schule für Sozialarbeit mitgearbeitet hatte.

Aus der Uni zogen Studentinnen und Studenten der Soziologie, Theologie und Psychologie aus und wechselten an eine Schule für Sozialarbeit, weil das Lernen in Dialogform und das größere Mitspracherecht der Studierenden ihnen besser zusagten, sie dort das Menschenbild vermuteten, dem sie nachzueifern suchten. Rund um uns schoss eine sogenannte »Alternative Sozialarbeit« aus dem Boden, privat getragene Einrichtungen vor allem im Frauen-, Drogen-, Gefangenen- und Fremdarbeiter-Bereich, prononciert gegen die etablierten Einrichtungen der Sozialarbeit gerichtet, in einer Front mit den Klienten, die vor behördlichen Eingriffen geschützt und in mehreren Fällen sogar aus der Heimfürsorge oder der Psychiatrie »befreit wurden«. Alexander J. Seiler drehte seinen Film *Viktor*, in dem er Missstände in Kinder- und Jugendheimen aufzeigte. Umsonst hatte ich versucht, ihn zu unterstützen, indem ich Heimleitungen dazu bewegen wollte, im Film als Dialogpartner aufzutreten. Aber wie er stand ich vor verschlossenen Türen.

Alles in allem eine bewegte Zeit, in der man hin- und hergeworfen wurde und sich überlegte, wo man eigentlich sein Brot verdienen wollte. Aber zu den Alternativen hat es mich nie hingezogen. Ich wollte immer in Strukturen arbeiten, die für die da sind, die nicht wählen können.

In unserem Herzen geriet alles durcheinander. Während manche der gestandenen Kollegen anfingen, ihre lebenslängliche Arbeit zu verteidigen und das unreife »Gschtürm« der Jungen abzutun, namentlich daran festhielten, dass Sozialarbeit nun mal nicht politisieren dürfe, sondern neutral zu sein habe, saßen wir Dozentinnen und Dozenten mit den Studierenden auf den Schulbänken und diskutierten stundenlang, verbargen nicht unser Gefühl, auf schwankendem Boden zu stehen.

An meinem damaligen Arbeitsplatz bei einer Jugendanwaltschaft suchte mich eine empörte Gruppe der »Heimkampagne« auf und überschüttete mich mit Vorwürfen, einen »geistig interessierten Menschen« in einen Pferdestall platziert zu haben. Ich fiel aus allen Wolken, hatte ich mir doch größte Mühe gegeben, diesem jungen Mann, der keine guten Karten hatte, den heißen Wunsch nach Arbeit mit Pferden zu erfüllen … Dass er Hesse las, hatte ich allerdings nicht vermutet. Er bewies es mir dann, indem er mir sein Tagebuch zeigte. Ich hatte ihn natürlich nie nach so etwas gefragt … Die Heimkampagne wollte den Jungen mitnehmen und im Christuszentrum von Pfarrer Sieber platzieren, wogegen ich nichts hatte. Dort haben sich seine sozialen Schwierigkeiten zwar nicht gebessert, aber er fühlte sich glücklicher, konnte mehr Mensch sein, sang im Young-priester-Chor von Sieber mit.

Alles in allem haben mir diese Jahre des Aufruhrs eindrücklich das »doppelte Mandat« der Sozialarbeit bewusst gemacht, mir die repressive Seite gezeigt und ich habe gerade in diesem Fall bei der Jugendanwaltschaft erkannt, wie schnell man in dieser Arbeit abstumpft. Darum sind die »Augen-auf«-Initiativen immer wieder nötig.

Das Experiment Gwatt

In der 1965 gegründeten Schule für Sozialarbeit Gwatt, die von der reformierten Kirche getragen war, wurde viel vom Geist der 68er-Bewegung und ihrem Menschenbild umgesetzt.

Die initiativen Gründer der Schule, meine Kollegin und Freundin Ruth Brack, die sich ihr Fachwissen in Amerika geholt hatte, und der Theologe Theo Müller, der eine lebensfreundliche Theologie mit weiblichen Attributen lehrte, gaben ihr das Gepräge. Wie viele Studierende konnten sich in dem freien Gwatter Gelände von dem Korsett ihrer patriarchalisch-religiösen Erziehung und von ihren Schuld- und Minderwertigkeitsgefühlen befreien! Unter dem von tausend Sternen leuchtenden Himmel und begleitet von mildem Gelispel der Seewellen, bei Tanz und Gesang, machten Menschen selbstbewusste Schritte wie nie zuvor in ihrem Leben. Ich gehörte mit dazu als nebenamtliche Dozentin in verschiedenen Fächern.

Die Gwatter Schule wollte eine Befreiung der Klientschaft der Sozialarbeit von ihrem Armesünderkleid, sie träumte von der Stärkung dieser Menschen zur Selbsthilfe.

Der Gwatter Frühling fand nach wenigen Jahren sein Ende, Fröste aus verschiedenen Richtungen suchten ihn heim. Die auf soziale Gruppenarbeit und Gemeinwesenarbeit spezialisierte Schule wurde mit einer Ausbildungsstätte, die auf gesetzliche Sozialarbeit festgelegt war, fusioniert. Die Kirche zog sich zurück.

Es ist schade, dass die Berner Kirche das Gwatter Experiment kleinmütig aufgegeben hat. In der gegenwärtigen Dürre der Soziallandschaft hätte das Festhalten an einer Utopie der Nachhaltigkeit ein Signal bedeutet.

Das Klima verhärtet sich

Es war an einer Tagung der schweizerischen Konferenz für öffentliche Fürsorge, wo ich ein Referat über wachsende Armut trotz Hochkonjunktur hielt und argumentierte, dass die Zunahme von psychischen und zwischenmenschlichen Problemen bedeute, dass etwas mit der Gesellschaft nicht stimme. Anstatt nur am einzelnen Individuum herumzudoktern, sollten wir bedeutend stärker die Krankheitszeichen der Gesellschaft wahrnehmen. Hoppla, das provozierte den Gastgeber der Tagung, der zugleich Präsident der schweizerischen Gesundheitsdirektorenkonferenz war. Mit einem Satz sprang er aufs Podium und fegte mich mit der Behauptung zur Seite, unsere Gesellschaft sei Gott sei Dank kerngesund, aber wir hätten leider kranke Individuen – und denen müssten wir helfen – basta. Das ist bis heute der Tenor unserer vorherrschenden bürgerlichen Gesellschaft.

Unterdessen hat sich das Klima zwischen den politischen Ebenen weiter verhärtet. Die Polarisierung zwischen Rechts und Links schadet den Betroffenen. Rechtlose und sozial Schwache dürfen nicht zum Spielball von Wahlinteressen werden.

Ich denke dankbar an viele engagierte und verantwortungsbewusste Persönlichkeiten aus dem bürgerlichen Lager zurück, mit denen ich Seite an Seite gearbeitet habe. Die in den 70er-Jahren von linker Seite gerne lächerlich gemachte Heilsarmee hat sich im Einsatz gegen die soziale Verelendung der nun schon in die Jahre gekommenen »Neuen Armut« als unentbehrlich erwiesen! Wenn ich auf meine Praxisjahre zurückschaue, muss ich sagen, dass ich mich auf der Frauenberatungsstelle des bürgerlichen Basler Frauenvereins am wohlsten gefühlt habe, unter Damen der besseren Gesellschaft, die mit Verve und großem Einsatz das weitverzweigte Unternehmen geführt haben, sich beispielsweise eingesetzt haben für die Kinderbetreuung von Kindern ausländischer berufstätiger Mütter oder für alleinstehende, sozial und psychisch belastete Frauen.

Die 68er-Bewegung ging rigoros mit der Vergangenheit um und viele, die traditionelle Normen und Werte wegwarfen, um sich neuen Freiheiten hinzugeben, verloren den Halt. Darüber gibt es kein erschütternderes Zeugnis als das 1998 erschienene Buch *Elementarteilchen* von Michel Houellebecq. Sein bis heute umstrittener Longseller stellt die Exzesse einer überbewerteten Sexualisierung, des lustbetonten Lebens unter Aufgabe von sozialen Bindungen dar, an deren Ende die totale Vereinsamung des Menschen steht. Es zeugt von wenig Selbstkritik, dass nostalgische Alt-68er Houellebecq, bis anhin als französischer Linksintellektueller bekannt, in die Ecke eines reaktionären Rechtsextremen geschoben haben. Das Buch des hochintelligenten Autors ist tiefernst und aus einem großen Schmerz heraus geschrieben. Man darf nicht vergessen, dass die 68er-Bewegung viel zum heutigen Jugendwahn und damit zur Geringschätzung des Alters und seiner Möglichkeiten beigetragen hat.

Viele hingegen, die sich dem großen Aufbruch von damals gestellt haben, haben das Wertvollste daraus mitgenommen und Irrtümer in der Ideologie und im Lebensstil korrigiert, sie sind bis heute als nützliche, innovative und engagierte Mitgestalter der Gesellschaft tätig.

7

Wo die Liebe hinfällt

»Ich kann einfach nicht glauben, dass so etwas möglich wäre«, schüttelte Sergio den Kopf, lief einige Schritte von mir weg, kehrte mir den Rücken zu, um sich mir aber gleich wieder zuzuwenden: »Es sei denn, du erziehst mich zum angepassten Bürger oder ich degradiere dich zur Unterschichtsfrau …« Nein, wie eine Arbeiterfrau leben wollte ich nicht, auch keine »Arbeitermentalität« annehmen, weder in Latschen noch mit schlechter Dauerwelle herumlaufen. Noch nie hatte ich Jeans getragen, obwohl dies damals auch in meinen Kreisen Mode geworden war. Ich hatte Standesbewusstsein, trennte mich auch als Sozialarbeiterin nie von meinem echten Schmuck. Sergio hingegen betonte, dass ich zu seinen Klassenfeinden zähle, mit denen er nichts zu tun habe, er gehöre zum arbeitenden Volk. »Meinst du etwa, ich arbeite nicht?«, forderte ich ihn heraus. Fragend und ein wenig spöttisch zog er die Augenbrauen in die Höhe. Ich war beleidigt.

Aber trotzdem standen wir noch immer auf dem Marktplatz von Krakau in Polen. Die Reisegruppe, zu der wir gehörten, war schon längst weitergezogen. Wir konnten uns nicht lösen von der Verwirrung, die uns ineinander verstrickt hatte, konnten nicht entziffern, was plötzlich mit uns los war. Die Beine taten mir weh vom langen Stehen, schon ein paar Male hatte ich versucht, das endlose Gespräch zu beenden, dennoch verhakten wir uns immer wieder neu ineinander. Unbegreifliche Strömungen hatten uns mitgerissen bis hin zu dem Punkt, wo wir beim Gang durch die traumhaft schöne Altstadt innehielten und plötzlich die Frage da war: Wollen wir einander heiraten? Was für ein Unsinn! Wir kannten uns erst wenige Tage! Wir waren Teilnehmende einer Studienreise der Paulus-Akademie Zürich zum Thema Zusammenarbeit der Kirche und der Gewerkschaft Solidarnosč in Polen, zu den Teilnehmern aus Politik und Kirche hatte der Akademie-Leiter auch Sergio, den italienischen Fremdarbeiter und Gewerkschafter, zur Mitreise eingeladen, damit den gewerkschaftlichen Funktionären in Polen nicht nur Intellektuelle gegenübersaßen. Dass wir uns verliebt hatten, war bald aufgefallen. »Aber du wirst sehen, sobald wir zu Hause sind, in unserer gewohnten Realität, ist alles verflogen.« Indessen: Wir standen noch immer auf dem Platz. Es war Samstagnachmittag. Touristen mischen sich unter die einkaufenden Krakauerinnen und Krakauer, immer wieder wurden wir angehalten, weil Zlotys gegen Westgeld eingetauscht werden wollten. Bereits zweimal hatten die Glocken der Kathedrale geläutet, war schräg über den Platz ein Hochzeitszug gezogen, dem offenen Portal der berühmten Kirche entgegen. »Kirchlich heiraten, die Liebe einem Zwang unterwerfen, möchte ich nicht«, sagte ich. Er sei vor Jahren aus der Kirche ausgetreten, bemerkte er, worauf ich sofort mit drohenden Augen erwiderte: »Aber fromm bin ich schon, ohne Gott heirate ich nicht.« Also ein neuer Beweis: Wir passten nicht zusammen. Oder waren es gerade die Gegensätze, die lockten?

Eine »unmögliche« Liebe

Wir wussten nicht, warum wir seit Tagen nicht loskamen voneinander, plötzlich eine Perspektive in unser Leben trat, die wir so nicht gesucht hatten. Wir waren beide eingefleischte Singles in der Mitte des Lebens, die sich mit dieser Situation eingerichtet hatten, ich für meinen Teil wenigstens hatte mir dies so eingeredet.

Hatte vielleicht der Besuch der Gruppe im ehemaligen KZ-Lager Auschwitz wenige Tage zuvor etwas damit zu tun? An diesem Ort stürzen alle Gegensätze der Welt zusammen vor der jahrtausendealten Frage von Kain, nachdem er seinen Bruder Abel umgebracht hatte: »Soll ich meines Bruders Hüter sein?« Die Verneinung dieser Frage, die Unterscheidung der

Menschen in Lebenswerte und Lebensunwerte, die Banalisierung des Menschen zu einem Produktionsfaktor, dies wurde uns bewusst auf dem Gang durch die grauenvollen Kammern einer Vergangenheit, die eben, das wurde mir in Auschwitz mehr als deutlich, nicht vergangen, sondern, einmal geschehen, jederzeit wiederholbar war. In der Pause auf dem Rundgang hatte ich Sergio abseits sitzen sehen, beschäftigt mit Kartenschreiben. Er ließ mich eine davon lesen: »… dass Auschwitz in mir selbst nicht ausbreche …« immer derselbe Satz als Botschaft und Bitte, und ich wusste sofort, dass dieser Satz auch für mich galt, vielleicht mehr noch als für ihn, denn es sind die Ahnungslosen, Angepassten, die der Banalität des Bösen am meisten unterliegen. Von Sergio wusste ich, dass er in Italien aufgewachsen war zur Zeit von Mussolinis Faschismus und, nach dem frühen Tod des Vaters, von bigotten Nonnen in einem faschistischen Kinderheim nach einem Unfall so nachlässig behandelt wurde, dass sein Arm und seine Hand verkümmerten. Ich sah ihn über das Gelände von Auschwitz gehen, sein Arm stach gespenstisch von seiner Seite ab, er sah aus wie ein Flügel … Diesen Anblick konnte ich nicht mehr vergessen, und so oft mir diese Erinnerung einfällt, erscheint sofort daneben das Wort »lebensunwert«. Nicht von ungefähr war's, dass ich dort, wo mein Herz am heftigsten zu klopfen anfing auf dem Rundgang des Grauens, an dem wir nicht als Besucher, sondern als Beteiligte herausgefordert waren, seine Hand suchte, die Tuchfühlung mit ihm brauchte. Ich wusste, dass Menschen wie er auch in der Schweiz zu denen gehören, die übersehen werden. Und wenn man von Kategorien sprechen wollte, so gehörte ich gewiss nicht zu den Opfern, schon eher zu den Tätern … Auschwitz war die stärkste Predigt, die ich in meinem Leben je gehört hatte.

Inzwischen waren die Glocken verstummt. Der Marktplatz hatte sich geleert. Es begann Abend zu werden, es wurde kühler. Bevor wir gingen, schaute ich noch einen Augenblick zu den Türmen der Marienkirche empor. Der eine ist etwas höher als der andere. Auf der obersten Spitze steht der bekannte Turmbläser aus Messing, der Wache hält über der Stadt. Die Turmwohnung ist noch immer bewohnt und jede Stunde bläst der Turmwächter seinen Ruf, der jäh abbricht in Erinnerung an jenes eine Mal, Jahrhunderte ist es her, als ein feindlicher Pfeil den Wächter während seines Stundenrufs tödlich traf. Wir hatten den abrupt abbrechenden Trompetenton während unseres Stelldicheins mehrmals vernommen und waren jedes Mal für einen kurzen Moment verstummt, weil er uns einen Schauer den Rücken hinabjagte.

Vom Hotel aus machten wir am Abend noch einen kleinen Spaziergang. Aber es war eine Sackgasse, die nirgends hinführte. Nachts hatte ich Albträume, die womöglich auch vom Wodka herrührten. Sergio sagte am andern Tag, dass es ihm ebenso ergangen sei.

Wir heirateten zwei Jahre später. Vor zwei Jahren haben wir Silberhochzeit gefeiert. Ich glaube, mein Zusammengehen mit Sergio war der bisher beste Entschluss meines Lebens, an nichts bin ich so gewachsen wie an dieser Herausforderung, die ich dem

Lebensmut meines Mannes verdanke. (Siehe auch die kürzlich erschienene Autobiografie von Sergio Giovannelli-Blocher: *Va' pensiero, Geschichte eines Fremdarbeiters aus Ligurien,* Edition 8, Zürich 2007)

Zusammenleben

Das Einleben in einen gemeinsamen Haushalt war nicht leicht. Ich hatte Jahre relativ großer Ungebundenheit hinter mir, ich konnte selbst über meine Freizeit bestimmen, hatte ziemlich viel Geld zur Verfügung, niemand redete mir drein. Ich lebte das, was damals unter dem Stichwort »Selbstverwirklichung« in Mode war. Beruflich hatte ich mich selbstständig gemacht, war also nicht einmal mehr von einem Arbeitgeber abhängig. Wenn ich dann z.B. an einer Tagung über die Lage der unverheirateten Frau ein Referat zu halten hatte und im Saal die vielen Frauen sah, die vielleicht als Sekretärinnen Jahr für Jahr erlebten, wie ihr Beruf durch die Technisierung entwertet wurde, die aber zu alt waren, um umzusteigen, oder diejenigen, die sich als ledige Frauen um alte Eltern zu kümmern hatten, wenn ich an anderen Tagungen und Kursen die Plackerei von alleinstehenden Müttern mitbekam, so kehrte ich mit einem schalen Gefühl in mein Paradies der Ungebundenheit zurück. Ich schaute auf die Rosen, die vor meinem Fenster blühten, hinunter auf den glitzernden Zürichsee und begann mich zu fragen: Ist das eigentlich der Sinn der Freiheit, möglichst frei und ungebunden zu sein, ohne zu fragen wozu? Mir war ein Wort des Philosophen Jean-Paul Sartre im Ohr, der am Ende seines Lebens halb resigniert sagte: »Man muss sich selbst verwirklichen, indem man sich den andern gibt, etwas anderes bleibt nicht übrig.« Die Frage, *Die Freiheit wozu?* wurde für mich je länger, desto drängender.

Über meine Hochzeitsanzeige setzte ich ein Wort von Alexander Vinet: »Freiheit wäre das schönste Wort der Welt, wenn es die Liebe nicht gäbe.« Freunde widersprachen mit dem Argument, dass Liebe ohne Freiheit gar nicht denkbar sei, was stimmt. Dennoch war mir bewusst, dass es immer wieder Verzicht bedeuten würde, wenn ich mich mit einem so andersartigen, selbstbewussten Menschen aus einem anderen Land einlassen wollte, ohne seine Freiheiten unzulässig zu beschneiden. Gott sei Dank konnten wir einander gegenüberstehen im Bewusstsein, einander ebenbürtig zu sein. Geholfen hat mir auch, dass Sergio in seiner hilfreichen Schonungslosigkeit gleich am Anfang sagte: »Du bist nicht nur mein liebster Mensch, sondern auch mein stärkster Feind.« Ich glaube, dass diese Herausforderung für jede Ehe gilt, denn je größer die Nähe, desto größer die Verwundbarkeit, je enger der Bund, desto größer die Besitzansprüche einerseits und der Impuls andererseits, wegzulaufen. In der Ehe durchlebt man alle Höllen, aber, so wage ich nach je 25 Jahren Alleinsein und 25 Jahren Ehe zu sagen: Im gemeinschaftlichen Leben ist der Himmel offener, will sagen, das Glück, auch wenn es nicht alle Tage scheint, ist voller, weil geteilt. Für mich ist die Ehe auch der Mikrokosmos aller Probleme und Freuden, die auf der Makroebene der Gesellschaft stattfinden. Zur Zweisamkeit hätten aus meiner Sicht auch Kinder gehört. Dies ist mir und Sergio verwehrt geblieben, da wir zu spät geheiratet haben. Eine kinderlose Ehe ist davon bedroht, sich gegenseitig zu ersticken oder aus Mangel an Anregung zu veröden. Anregung ist vielleicht ein zu harmloses Wort. Würde ich mich krass ausdrücken, so würde ich sagen: Mangel an gemeinsamen Pflichten, für andere zu sorgen, sich zu binden.

In den Anfangsjahren unserer Ehe waren die Pflichten gegenüber unseren Herkunftsfamilien, z.B. das mühsame Altern von Sergios Mutter in Italien, das uns viele Jahre lang in Anspruch nahm, etwas, das uns zwar Konflikte bescherte, uns aber auch zusammenhielt. Auf jeden Fall finde ich die Lebendigkeit einer Ehe bedroht, wenn zwei Partner sich mit sich selbst begnügen, besonders wenn sie nach dem Rezept der heute positiv beurteilten Eheprognosen zusammengefunden haben: möglichst gleiche Gesellschaftsschicht, möglichst gleiche Bildung, möglichst gleiche Hobbys. Wenn man keine eigenen Kinder hat, worunter ich leide, kann für jemanden sorgen heißen: Menschen im Umfeld, die der Fürsprache bedürfen, begleiten, oder sich verantwortlich fühlen für die gesellschaftlichen Strukturen, in denen man lebt. An diesem sozialen Faktor als Lebensgrundlage möchte ich festhalten. Ohne die Frischluftzufuhr von Kindern und Enkeln ist es bei der heutigen Langlebigkeit sicher eine Herausforderung, zu zweit zu altern.

Ungleichheiten und Konflikte

Im Zusammenleben mit Sergio habe ich gelernt, wie wenig ich eigentlich weiß von den Menschen, die für ihre Erwerbsarbeit den Körper einsetzen. Umgekehrt erfuhr ich die abstrusen Vorurteile, die Sergio hatte gegenüber den sogenannten White collars. »Arbeitest du überhaupt?«, konnte er mich zu Anfang unserer Beziehung fragen und als ich mich über diese unverschämte Frage empörte, schob er sofort nach: »Hast du körperliche Schäden von deiner Arbeit?« Davon gibt es bei ihm eine ganze Menge – wie bei fast jedem, der ohne viel Wahlmöglichkeit das tun musste, was man ihm gab, auch wenn es über seine Kräfte ging. Ich schaue heute aufmerksamer um mich, wenn irgendwo Bauarbeiter sind, aber auch in Einkaufszentren, wenn ich diejenigen sehe, die die Waren herumbugsieren und in der Regel wegen Rückenschmerzen, steifem Nacken oder blessierten Händen nicht einfach frei machen können, deswegen manche Schäden nicht auskurieren und darum langsam chronisch körperlich gezeichnet sind von ihrer Arbeit, für die sie wenig Lohn beziehen. Die Statistiken der Lebenserwartungen von Menschen mit harter körperlicher Arbeit sprechen eine klare Sprache, ebenso die Zahl der Invalidisierten aus dieser Sparte. Zusammengeballte Aggressionen aus solchen Erfahrungen machen auch vor einer Ehe nicht Halt. Aber auch meine Gegenwehr für die Schäden aus meiner Berufstätigkeit fehlt nicht: die geistigen Verkrümmungen, die Demütigungen, die auf sich zu nehmen man gezwungen ist, der Umstand, dass die Arbeit um fünf Uhr abends in der Regel nicht zu Ende ist, sondern die Probleme einen oft bis in die Nacht belasten – und morgens um vier Uhr erneut aus dem Schlaf reißen; die Verantwortung, die man trägt im Unterschied zu jenen, welche die Oberen der Verantwortungslosigkeit bezichtigen, während sie, ist die Arbeitskleidung einmal ausgezogen, den Schlaf des Gerechten schlafen … Dennoch, die Rechnung geht natürlich nicht auf und die Ungleichheit ist häufiges Thema in ungleichen Ehen …

Wenn mein Mann und ich nicht streitbare Menschen wären, die auch das heftige und laute Austragen eines Konflikts nicht scheuen, hätten wir wahrscheinlich unsere Hörner schon längst abgestoßen und uns einander angeglichen. Vielleicht treiben wir sogar dann und wann unsere Meinungsverschiedenheiten auf die Spitze, nur um unsere Eigenart und unsere Verschiedenheit nicht abzuschleifen.

Ungleichbehandlung

Ich habe erlebt, wie anders als mir es einem Fremdarbeiter (oder Flüchtling) geht, wenn er ins Krankenhaus kommt. In vielen Fällen ist kein direkter Rassismus, kein Fremdenhass im Spiel, sondern es handelt sich um Sprachprobleme, auch bei denen, die gut Deutsch sprechen, um unterschiedliches Erleben von Krankheit und Schmerzen, um unterschiedliches medizinisches Wissen, um Zeitmangel und häufig um Ignoranz gegenüber Menschen, die sich nicht wehren können. Daraus habe ich gelernt, dass es immer gut ist, wenn solche Patientinnen und Patienten bei Arztkonsultationen und im Krankenhaus begleitet werden von Schweizern, die im umfassenden Sinn dolmetschen können und sich zu wehren wissen. Weiß man z.B. wie Angst machend es für Patienten aus dem Süden ist, wenn ihre Angehörigen von ihnen getrennt werden auf der schweren Fahrt durch die Gänge in den Operationssaal, wo man keine Gesichter mehr sieht, weil alle Masken tragen?

Dass wir in verschiedenen Klassen unterwegs sind, erfuhren wir besonders eindrücklich, solange Sergio noch einen italienischen Pass hatte. Die Kontrolle war bei mir jeweils erledigt, sobald das Rot meines Passes sichtbar wurde. Bei Sergio: gründliches Studium des Ausweises, eventuell Nachschlagen in Büchern, skeptisch abschätzende Blicke auf seine Person und sein Gepäck. Das während langer Jahre – und er war doch in die Schweiz gekommen, um hier dringend benötigte Arbeit zu leisten … Das ist schwer auszuhalten für uns beide. Genauso wie das immer wieder erlebte Fragespiel, wenn wir eingeladen waren und Sergio sich vorstellte. Zuerst eine Erkundigung in aufgestelltem Ton: »Ah, sind Sie ein Bündner?«, und nach dem Kopfschütteln: »Also ein Tessiner?« Nein, ich bin Italiener. Mit merklicher Distanz darauf der Gastgeber: »Aber sicher aus Oberitalien! Ligurien? Ja, das geht noch, das ist Mitte, doch, doch, Genua eine schöne Stadt, ich liebe

Italien, gehe gerne dorthin in die Ferien, mag dieses fröhliche Völklein.« Nicht böse gemeint dies alles, gewiss...

Demonstrieren

Mit Sergio bin ich zum ersten Mal für ein politisches Anliegen auf die Straße gegangen. Sehr ungewohnt für mich, zum ersten Mal hatte ich regelrecht Angst. Aber ich hatte Glück. Es handelte sich um eine Demonstration für mehr Rechte der Fremdarbeiter. Es traf sich, dass Sergio und ich mit einem Transparent den Zug anführten. Wie wir da durch die Bundesgasse in Bern zogen, die Straße für uns hatten, beschützt durch die Polizei, so kam's mir vor, die uns zu beiden Seiten auf dem Trottoir begleitete, da war ich richtig stolz auf unsere Demokratie. Auf späteren Demos erlebte ich natürlich auch anderes, sah einen Polizisten auf einen wehrlosen Jungen einschlagen, aber auch Steine und Farbbeutel gegen das Bundeshaus fliegen, umgestürzte Autos in Flammen aufgehen. Auch Tränengas habe ich erwischt, ein grauenhaft hilflos machendes Mittel, um Unbotmäßige und Mitläufer die Staatsmacht spüren zu lassen! Wenn man das mit vierzig oder fünfzig erlebt, geht es ja noch, aber mit vierzehn oder fünfzehn Jahren wie blind geschlagen und nach Luft japsend durch die Straßen zu taumeln, das muss ganz tiefe Spuren hinterlassen, besonders wenn man anschließend in einem vergitterten Wagen sitzt und zum Verhör gefahren wird, oft stundenlang abgeschnitten von der Umwelt und dem Kontakt mit den Nächsten …

So oft ich auf dem Bundesplatz gestanden habe oder selbst als Rednerin bei Demonstrationen auftrat, so oft konnte ich nicht anders, als mich auf zwei Seiten einzufühlen: da waren die Demonstranten und ihre Anliegen – und dort die Ordnungshüter, oft Zielscheibe der Wut junger Demonstrierer. Aus der Fortbildungsarbeit mit Polizisten wusste ich, dass mancher von ihnen hier stehen musste, ohne die Überzeit später kompensieren zu können; also schon wieder ein Samstag ohne das geplante Skifahren … Wen wundert's, dass da häufig Übergriffe stattfinden auf diejenigen, denen man die Freizeit opfert? Nach wie vor nehme ich mit Überzeugung an Demos teil, aber nie ganz ungeteilten Herzens. Gerade deswegen finde ich es wichtig, dass auch immer ältere Mitbürger und Mitbürgerinnen an solchen Anlässen präsent sind. Wesentlich finde ich auch, wie unterschiedlich solche Massenveranstaltungen erlebt und beschrieben werden, zuerst live auf der Straße – und hinterher die Berichterstattung in den Medien. Nicht selten hatte ich den Eindruck, als handle es sich um zwei völlig verschiedene Veranstaltungen … Man muss also schon dabei sein.

Die Welt des anderen erkunden

Und von Anfang an wussten wir: In der Ehe hat man nichts auf sicher, am wenigsten die Liebe. Es geht darum, ihre verschiedenen Gesichter zu erkunden, auch dahinter zu schauen – und dann neu Sympathie für den anderen zu empfinden, weil der Spiegel des anderen auch der eigene ist.

Sergios Heimat kannte ich vor unserer Bekanntschaft nur von den Kunstdenkmälern her: Rom, Florenz, Siena. Nun am ligurischen Meer, wo Sergio herkommt, roch ich das Wasser und sah schaudernd zu, wie er mit tiefem Behagen das hoch auf dem Teller aufgetürmte Meergetier verschlang, vor dem mir grauste.

Ich schaute hinüber nach Porto Venere, dem Sehnsuchtspunkt der Trennung zwischen Wasser und Land mit der kleinen byzantinischen Kirche auf der äußersten Spitze der Landzunge. Wir kletterten in den Steinbrüchen von Carrara in der Toskana (woher Sergios Familie ursprünglich stammt) herum. Wir sahen das schneeweiße Marmorgebirge und die dunkelbraun gebrannten Rücken, die muskulösen Arme der Arbeiter, die herausgebrochenen Marmorplatten, der feine Puder ihres Staubes, der über allem liegt, die tollkühnen Fahrer, welche die herausgeschnittenen Platten mit ihren Lastern durch schmale Rillen in dem ungeheuren Katarakt zu Tale fuhren.

Wir stiegen die Olivenhaine aufwärts, kosteten die Früchte in den Netzen und ließen uns von einem Contadino mit landerprobten Händen das goldene, kostbare Öl (gibt es eine größere Delikatesse?) in ein Fläschchen träufeln: »Costa niente, è un ricordo!« Tief im silbrigen Blätterdunkel der uralten, knorrigen Baumgesellen fanden wir endlich das steingraue

Etruskerdörfchen, aus dessen längst verlassenen Bauten die toten Augen der Fenster starren, zärtlich umspielt vom silbrigen Geflüster der alten Ölbaumzweige. Und weiter unten tappte ein altes Männchen mit listigen Augen durchs Holz, in der faltigen Hand ein Büschelchen wilder, fadendünner Spargeln, schürzte die Lippen und flüsterte geheimnisvoll: »E delizioso, quando si fà …« (es folgte das Rezept). *La donna è mobile* aus Rigoletto pfiff er im Weitergehen, der Duft des wilden Thymians, der ihm aus der Rocktasche schaut, strich uns um die Nase.

Ich bin richtig aufgelebt in diesem Land, an den abwechslungsreichen Küsten des Meeres und im Schoße von Sergios Familie, die nicht ohne Tragödie war und blieb, wo aber die bauchigen Flaschen mit dem einheimischen Wein die durch vielerlei entzweiten Menschen in einem fröhlichen Besäufnis immer für unvergessliche Momente vereinte. Was für ein Kontrast zu meinem Elternhaus, wo man nächtelang im Studierzimmer des Vaters grübelte und Gedanken wälzte, an den Seelen sägte, das Ins-Bett-Gehen immer wieder hinauszog, ohne auch nur einen Bissen oder ein Glas. In beiden Familiennestern aber geschah alles aus der gleichen unstillbaren Sehnsucht nach Nähe und Angenommensein, an beiden Orten gelangte es nicht zum Durchbruch, wurde stets von neuem hinuntergeschluckt, in meinem Elternhaus »staubtrocken«, in dem seinigen sehr feucht, mit einem Cafard am andern Morgen.

In Italien kann man Schönheit trinken, sogar dort, wo es an sich hässlich ist. Gibt es etwas Unschöneres als den Anblick der Politik? Ich habe einen großen Kongress der nationalen Linken erlebt. Sie tagte buchstäblich am Meer, war einfach aus dem Kongressgebäude in ein behelfsmäßig eingerichtetes Strandcafé in die Sonne, unmittelbar am Wasser, umgezogen. Die Wellen schwappten sozusagen in die Debatten. Die gesamte Führungsriege saß auf wackligen Stühlen. D'Alema hatte seine gewichtige Mappe auf ein schwankendes Geländer über dem Wasser gelegt. Da gleißte sie in der Sonne, die Möwen kreischten über ihr, während Polizeiautos nutzlos mit Sirenengeheul durch die Innenstadt rasten. Ich konnte von der Strandpromenade aus durch eine provisorische Absperrung hindurch direkt auf den Kopf von Orlando sehen. Hätte ich ein Pistölchen im Täschchen gehabt ... Die maßlos eleganten italienischen Carabineri standen weiter vorn ... Kinder tranken halb geleerte, stehen gelassene Gläser der Deputierten aus. So flossen die Reden in den Azur des Tages, ein einziges und unglaubliches Bild der unbegreiflichen Schönheit Italiens.

Ich liebe die Melancholie, die stoische Ergebenheit in die Unabänderlichkeiten des Lebens, die ehrliche Schlitzohrigkeit der Italiener. Sie lehren mich immer wieder, das Leben etwas lockerer zu nehmen.

Multikulturelle Ehen

Meine Ehe schenkt mir keine Ruhe, sie ist für mich Jungbrunnen, Geborgenheit und Lebensaufgabe in einem, sie schafft immer wieder neue Fragezeichen und Antworten.

In der Schweiz lebt inzwischen ein Drittel aller verheirateten Menschen mit einem Partner, einer Partnerin ausländischer Herkunft. Immer häufiger werden die Eheschließungen mit Partnern außereuropäischer Herkunft. Ich erlebe diese Partnerschaften oft als dramatischer, spannender und darum lebendiger als die rein schweizerischen Paare. Scheidungen sind häufig hüben und drüben. Als schweizerischer Teil einer länderübergreifenden Ehe erlebt man schnell die tiefverwurzelte Abwehr des Fremden, die der Schweiz eigen ist, vor allem, so lange man jemanden nicht näher kennt. Da teilen die schweizerischen Partnerinnen und Partner den mit Hindernissen gespickten Weg bei der Arbeitssuche, der öffentlichen Anerkennung, dem privaten Beziehungsnetz. Und alles wirkt sich dann auch noch bei den Kindern aus, die das Etikett »Secondo« verpasst bekommen. Sind sie deshalb Opfer? Nein und nochmals Nein. Aus diesem, übrigens von den meisten Eltern so gewollten Schicksal, lässt sich ein volles Leben mit großen Chancen aufbauen, falls diesen Kindern die Menschenrechte, die für alle gelten, zugestanden werden – und sie die dazugehörenden Menschenpflichten lernen.

Meine berufliche Laufbahn begann mit der Aufnahme und Betreuung der ungarischen Flüchtlinge 1956. Schon damals waren nicht alles »echte« Flüchtlinge, waren nicht alle nur vor dem Kommunismus geflohen. Mit Fremdarbeiterfragen war ich auch konfrontiert in meiner Arbeit bei der Jugendanwaltschaft: straffällige Kinder mit ihren Eltern aus Spanien, Portugal, Griechenland und der Türkei, Fragen des Familiennachzugs, die oft sehr unterschiedlichen Normen der Erziehung.

Sozialarbeit mit Ausländerinnen und Ausländern ist wie ein Schmelztiegel, wo sämtliche ungelösten sozialen Fragen unserer Epoche in einem Einzelfall kumulieren und wo fehlerloses Handeln kaum möglich ist. Das gilt erst recht für den Flüchtlingsbereich. Ich habe das als Präsidentin einer kantonalen Kommission zur Regelung von Härtefällen unter Asylbewerbern und als Mitinitiantin der Stiftung Gertrud Kurz erlebt. Die Verringerung des Grabens zwischen Arm und Reich wird vermutlich von denjenigen Ländern, die jetzt im Vormarsch sind, erzwungen werden und das Gleichgewicht auf dem Globus verändern. Wir könnten dazu beitragen, wenn wir nicht nur auf Repression, sondern mehr auf Dialog setzten, bei den jetzt in Europa herumstreunenden Jugendlichen auch auf Pädagogik, die hilfreiche Grenzen setzt. Ich bin außerdem überzeugt, dass die Lösung vieler Probleme in der westlichen Gesellschaft ansetzen muss. Viele der heute vorherrschenden Gewaltdelikte stehen in Zusammenhang mit Drogen und Prostitution. Wenn die Menschen hierzulande nicht mehr und mehr nach diesen Dingen greifen würden, wären wir viele der sogenannten Ausländerprobleme los.

8

Vom Schreiben

Über Mittag ist es still. Man hört nur ab und zu einen Hund bellen. Die Sommerferien haben noch nicht begonnen, noch sind kaum Touristen im Tal.

Die Sonne wechselt langsam vom Scheitel des Daches hinüber auf die andere Seite des Hauses, die Schatten auf der hinteren Terrasse werden länger. Ich ziehe mit meinem Liegestuhl dem Schatten nach, nehme auch den Hocker mit, auf dem sich meine Bücher türmen. Die Sonne brennt aufs Balkongeländer, das Holz duftet. Da und dort ist der Schutzlack abgeblättert, ist eine Latte gespalten, klafft ein Riss im Holz. An der Wand mir gegenüber der weißliche Schädel eines Gämskopfes, den Sergio weiter oben gefunden hat. Es hat schon lange nicht mehr geregnet, das Gras am Abhang ist spröde und von fahler Farbe. Kleine Wolken segeln. Die Geräusche der Mittagswiese rieseln in mich ein. Ich lege das Buch, das ich vom Stapel genommen habe, wieder zurück, nicke kurz ein. Beim Erwachen glitzert durch die halbgeöffneten Lider der Schnee auf den Bergspitzen.

Durch die Luken der Holzlatten des Balkons spähe ich auf das Gerstenäckerlein unter mir, suche nach etwas. Ja, das Reh ist da. Es liegt, wie jeden Mittag, zusammengekrümmt in einer Furche, schläft. Es ist nur von hier oben zu entdecken, gegen die Straße hin wird es vom hohen Getreide geschützt. Mich wundert, wie das noch junge Tier täglich denselben Ruheplatz findet. Lautlos erscheint es plötzlich in der Furche, knickt mit den Vorderbeinen ein, legt sich hin – und sobald der Schatten das Feld erreicht hat, sein Fell überzieht, steht es auf und verschwindet so lautlos, wie es gekommen ist.

Wenn ich die Augen öffne, sehe ich am gegenüberliegenden Hang das Bernina-Bähnchen den Berg hinaufschleichen. Vor mich hindösend, verfolge ich es mit meinen Blicken, wie eine langsam kriechende Raupe nimmt es Kurve um Kurve – und ab und zu stößt es einen Pfiff aus. Von oben, wo noch Schnee liegt und der Palü-Gletscher seine Wasser zur Alp Grüm hinunterschickt, kommt ihm der Abwärts-Zug entgegen. Er muss von der Passhöhe bis Poschiavo mehr als 1000 Meter überwinden, bei jeder Kehre hört man die Bremsen quietschen. Wenn die Bahn aus einem Kehrtunnel kommt, sind an der Lock noch die Lichter eingeschaltet. Gemächlich hottern die Wagen durch die Wiesen, vorbei an Alpenrosen, Feuerlilien und Türkenbund, verschwinden dann wieder in einem Tunnelloch. In der Vorsaison sind die Züge noch kurz, aber in den Sommerferien wachsen sie zu regelrechten Tatzelwürmern an, werden sogar bucklig, weil sie Panorama-Wagen mitschleppen, aus allen Fenstern hängen Fotoapparate und Japaner, die von den Wanderern, die in den Blumenwiesen abwärts steigen, händewinkend und mit frenetischen Glücksrufen begrüßt werden. Aber das kann ich von meinem Balkon aus nicht sehen und hören, es ist zu weit weg. Das gemütliche Auf und Ab der Bähnchen schläfert mich ein, ich hebe nur kurz den Kopf, als der Schattenflügel des Falken über mich hinwegstreift. Er entlässt einen kurzen Schrei.

Mir ist unbeschreiblich wohl. Der Notizblock und der Bleistift hinter meinem Liegestuhl kann warten, ich habe noch wochenlang Zeit. Es ist nicht mehr wie früher, wo ich in einer knappen Ferienwoche ein aufgestautes Schreibprogramm abspulen musste und dazu noch mehrere Bücher lesen wollte. Ich bin endlich frei. Solange ich will, kann ich hier bleiben, in unserer winzigen Ferienwohnung in Poschiavo. Ein hundsgewöhnlicher Serienbau für sechs Wohnungen, wie es ihn zu Hunderten in den Bergen gibt. Aber unsere Wohnung ist die oberste und hat neben den zwei Zimmern vorn und hinten eine große Terrasse und dazu zwei Seitenbalkone mit Blick auf das Dorf. Man kann den ganzen Tag der Sonne und dem Schatten nachwandern.

Die übrigen Wohnungen gehören fast ausschließlich italienischen Familien aus dem Veltlin oder der Gegend des Comer Sees. Sie kommen selten: zwei

Wochen im Sommer, über Weihnachten und ein bis zwei Wochen zum Skifahren. Die restliche Zeit haben wir das Haus für uns allein.

In dieser Wohnung waren wir zehn Jahre lang glücklich, ein Refugium ganz abgelegen, hauptsächlich von mir zum Schreiben genutzt. Bis wir uns das Logis nicht mehr leisten konnten, die zehnstündige Bahnfahrt unseren Rücken bewies, dass wir langsam älter wurden und das Fehlen jeglicher Sessellifte und Bähnchen im Poschiavo, worauf wir immer so stolz gewesen waren, uns die Kehrseite zeigte, nämlich, dass älter werden heißt, auf dem Talboden zu bleiben.

Es war das erste Mal in meinem Leben, dass ich so viel Zeit für mich hatte. Ein ganz tiefes Atemholen, eine Zeit der Genesung von manchem. Ich frönte meiner Lieblingsbeschäftigung, dem Nachdenken ohne Ziel, währenddem ich gaukelnden Schmetterlingen zusah oder mit den Augen verfolgte, wie der Bauer am Wiesenhang hinter dem Haus das Heu zusammennahm und in seinem Tragtuch hinuntertrug.

Irgendwie habe ich damals das Geheimnis richtig begriffen, von dem ich unbewusst schon längst wusste: zu richtiger Arbeit gehört richtiges Nichtstun, oder wie Montesquieu es ausdrückt: »Man muss die Hälfte seiner Zeit vertun, um mit der anderen etwas anfangen zu können.«

Der lange Weg zum eigenen Schreiben

In Poschiavo habe ich meine ersten selbstständigen Schreibversuche gemacht, sind meine ersten Bücher entstanden. Heute kann ich es selbst nicht mehr begreifen, warum mir das freie Schreiben anfänglich so viel Angst einflößte, mir fast als verboten vorkam. Beruflich hatte ich ja schon viele Beiträge verfasst, auch Vorträge zu sozialen und gesellschaftlichen Themen waren in Zeitschriften erschienen, aber es waren immer bestellte Auftragsarbeiten. Thema, Länge und Termin waren vorgegeben. Vor allem aber wusste ich, dass mein Beitrag verlangt war. Ohne diese Abstützung, einfach aus eigenem Antrieb etwas aufs Papier zu bringen, schien mir verwegen. Ich fürchtete mich vielleicht auch vor mir selbst, hatte Angst davor, mich selbst zu einem Vorhaben zu ermächtigen, das einfach ein Vergnügen, ganz ohne sozialen Zweck war. Und wenn dann so ein Schreibprodukt, zu dem niemand mich beauftragt hatte, von Redaktionen und Verlagen zurückgewiesen würde? Zurückgewiesen zu werden, mich lächerlich zu machen, das war meine Hauptangst. Ich beschwor mich, das Vorhaben zu vergessen. Was ganz aus mir selbst kam, so hatte ich es bisher erlebt, war nie »passend«, war sozusagen ein falsch gestanztes Puzzleteilchen.

Zum Glück wurde einiges an mich herangetragen, was mich mutiger machte. Der Schweizerische Samariterbund bot mir eine Kolumne in seiner Mitglieder-Zeitung an. Da ich dabei war, mir eine Existenz als Selbstständige aufzubauen, nahm ich alles an, womit ich etwas verdienen konnte. Die Kolumne war zwar ein Auftrag mit Terminen und vorgeschriebener Zeilenlänge, aber inhaltlich war ich völlig frei, konnte schreiben, was immer mir einfiel.

Die Geschichte der Hanna Schilt

So war ich zwar immer noch von einem »Auftrag« gehalten, hatte aber bereits ein kleines Spielfeld, um »mich frei zu schreiben«. Und dann kam Hanna Schilt, eine energische Arbeiterfrau aus dem Emmental, die ich von der Friedensbewegung her kannte, mit dem Stoßseufzer: »I mues mis Läbe ufschriebe« – und da sie ihr Leben nicht allein aufscheiben könne, brauche sie meine Hilfe. Die Anfrage kam für mich zur Unzeit, ich hatte vorläufig kein Musikgehör, denn ich war nun wirklich darauf angewiesen, gut bezahlte Aufträge zu bekommen, und überdies fühlte ich mich der Aufgabe, Hannas urchigen Emmentaler Dialekt ins Hochdeutsche zu übertragen und Ordnung in ihre unsystematische Erzählweise zu bringen, schlicht nicht gewachsen. Aber sie ließ nicht locker, bestürmte mich weiter und aktivierte ihren Mann, der mir via meinen Mann ausrichten ließ, seine Frau drücke die Last, Ordnung in ihr Leben zu bringen und sie könne nicht sterben, ohne sich davon zu befreien. Ich wusste ja auch, dass es um mehr ging als nur um Hilfe beim Aufzeichnen. Ich sah, dass ich nachgeben musste, und sagte zu. Beinahe ein ganzes Jahr fuhr ich Woche für Woche nach Langnau, wo mir

Hanna in ihrer überaus ausdrucksstarken Sprache erzählte. Es entstanden über fünfzig Tonbänder. Übers Wochenende hörte ich das zuletzt besprochene Band zu Hause ab, meistens drei- bis viermal hintereinander, versuchte, mich genau hineinzuhören in das, was die damals über Siebzigjährige sagte, hörte mich in die Melodie ihrer Sprache ein, um sie dann mit möglichst großer Einfühlung ins Schriftdeutsche zu übertragen. An diesen sehr intensiven Nachmittagen habe ich viel gelernt: was zu einem Ausdruck gehört, wie dazu nicht nur Worte, sondern auch die Stimme, die Gestik, ein Zögern, ein Räuspern, Lachen und Schluchzen beitragen. All das musste im Buch aufscheinen. Aber ich lernte auch, dass meine Meinungen und Deutungen hier nicht gefragt waren, sondern dass es um die authentische Wiedergabe des Erzählten ging.

Hanni und ich wuchsen bei dieser Arbeit sehr zusammen und kamen uns näher. Die Geschichte dieser hochintelligenten, politisch hellwachen und religiösen Sozialistin, die in einer armen Täufer-Familie aufgewachsen war und deren Brüder Vedingkinder waren, bewegte mich. Einmal fuhren wir miteinander in die Evangelische Heimstätte in Neukirch an der Thur, um ungestört über ein Wochenende arbeiten zu können. Weil eine Gruppe abgesagt hatte, waren wir die einzigen Gäste im Haus, es war Winter und die schwarzen Gerippe der Obstbäume auf den Feldern ringsherum ragten leer aus dem Schnee. Ab und zu eine Krähe, sonst nichts. In dieser Stille nahm ich zum ersten Mal das Gesicht von Hanna wirklich wahr. Manchmal war mir ihr emotionaler Ausdruck fast zu stark und ich musste die Augen schließen. Die ungewöhnlich blauen, intensiven Augen spiegelten Empörung und Wut, ja sogar Hass wider, aber auch Trauer, Dankbarkeit, christliche Hoffnung und überquellende Freude aus ihrem Innern. Ich war froh, als das Wochenende vorbei war, hatte sich in mir doch nach und nach auch Aggression gegen die sogenannte »einfache Frau« angestaut. Das konnte nicht nur damit zusammenhängen, dass sie sich oft im Erzählen verlor oder sich von Aktuellem ablenken ließ. Mit der Zeit entdeckte ich, dass ich wütend war, dass Hanna sich so viel Zeit und Raum nahm, um ihre Lebensgeschichte zu verewigen. »Meine Nachwelt muss wissen, wie ich gelebt habe«, war ihre selbstbewusste Begründung, während ich … Ich hatte seit Langem ein verschnürtes Bündel im Keller deponiert, zweihundert Seiten einer versuchten Autobiografie, aufgezeichnet während eines Bildungsurlaubes, als ich noch an der Schule für Sozialarbeit arbeitete. Als der Urlaub zu Ende war, hatte ich den Bezug zu meiner Berufsarbeit verloren, dachte immer nur an mein Manuskript. Ich wandte mich an eine der profiliertesten schweizerischen Schriftstellerinnen, von der ich wusste, dass sie ihre Bücher neben einer anstrengenden Berufsarbeit schrieb, legte auch Manuskriptseiten bei. Die Antwort war eine kalte Dusche. Das Manuskript alles in allem soso làlà und wegen »Zeit zum Schreiben«: man schreibe nachts, übers Wochenende, in den Ferien. Da hatte ich es schwarz auf weiß: mein schriftstellerischer Drang war viel zu schwach, sonst würde ich das auch durchstehen, würde meinen Mann sich selbst überlassen können etc. etc., aber mir war anscheinend alles andere ebenso wichtig wie das Schreiben. Resigniert verbannte ich mein Produkt in den Keller, zog das Fazit, dass ich eben viel zu spät mit Schreiben angefangen hätte.

Und dann kam Hanna, die einfach »durchstierte«, was sie wollte! Das machte mich kribbelig. Manchmal hielt ich sie kaum mehr aus. Aber das Buch wurde fertig und ich freute mich, dass die sprachliche Adaption Hanna und ihren Mann, der in diesem Punkt fast noch anspruchsvoller war, befriedigte. »Ich g'höre s'Muetti eifach rede« (ich höre sie einfach sprechen), sagte Hans immer wieder. Wir schickten das Manuskript einem Verlag, es kam aber zurück mit der kurzen Bemerkung, es eigne sich nicht zur Veröffentlichung. Der Verleger riet uns auch ausdrücklich davon ab, es weiteren Verlagen zu schicken und empfahl, es einfach für den Familiengebrauch fertigzustellen.

Hanna und ich sahen uns an. Und dann sagte sie, dass es ihr in letzter Zeit sowieso immer mehr Bauchweh mache, wie ihre weitere Umgebung auf ihre Aufzeichnungen reagieren würde. Sie schlage darum vor, dem Rat des Verlegers zu folgen – und ich war einverstanden. Ein junger Verwandter von ihr erstellte eine schöne Computerabschrift des Ganzen und damit war die Sache vorläufig erledigt. Die Niederschrift ihres Lebens, das Teilen der Lebensgeschichte mit einer Gefährtin, wie Hanna sich ausdrückte, hatte sie sichtlich von einer Last befreit, sie sagte sogar einmal, sie fühle sich wie neu geboren.

Eine Weile später trat Olaf Schmalstieg, damals Redaktor der Berner Kirchenzeitung *Der Sämann* an mich heran mit dem Vorschlag, das Manuskript im Verlag der Zeitung als Buch herauszugeben. Schließlich gehe die Lebensgeschichte der religiösen Sozialistin aus dem Emmental das Berner Kirchenvolk etwas an. Hanna war einverstanden mit dem Plan, der professionell versierte Redaktor lektorierte das Ganze. In kurzer Zeit stand das schmucke Bändchen *Es wär Zeit, noch etwas zu wagen, Hanna Schilt erzählt ihr Leben,* im Buchhandel zur Verfügung. Damit begann eine Erfolgsgeschichte, Hanna lernte es, öffentlich aufzutreten, las in Kirchgemeinden, aber auch bei größeren Anlässen, las am Radio, nahm an Podiengesprächen teil, einmal sogar mit der berühmten Dorothee Sölle zusammen. Wer war nicht ergriffen beim Anblick der kleinen gebrechlichen Frau mit dem straff nach hinten gekämmten Haar und dem »Bürzi« im Nacken, wer war nicht berührt von der Weite ihrer Weltsicht und der stupenden Fähigkeit, sich klar und pointiert auszudrücken!

Heute noch, wenn wir in der Stube der bald Neunzigjährigen, die nun gekrümmt an zwei Stöcken geht, sitzen, freuen wir uns und sind stolz auf unseren gemeinsamen Erfolg!

Das Eigene wagen

Es ist sicher auch ein wenig Hanna zu verdanken, dass das Paket im Keller mir keine Ruhe ließ und ich es wieder zur Hand nahm. Wenn ich die erste Schreibphase während des Urlaubs an der Schule für Sozialarbeit dazurechne, so dauerte es im Ganzen vierzehn Jahre, bis zum Erscheinen meines ersten Romans *Das gefrorene Meer*. Unzählige Entwürfe entstanden. Erst in der letzten Fassung dieser Familiengeschichte kam ich zur Einsicht, dass ich meine eigene Person in den Mittelpunkt stellen musste, wobei mir am Anfang zu diesem kleinen Mädchen überhaupt nichts einfiel! Am Schluss dieser Schreiberei saß ich vor einem Steinbruch: lauter Brocken, die nicht zueinander passten und ständig wieder verworfen wurden, Papierkörbe voll Papier, so dass es zum sehnlichsten Wunsch von mir und meinem Mann wurde, das Ganze endlich begraben zu können. Das ist aber leichter gesagt als getan, wenn man so viel Herzblut verschwendet hat! Ich schickte das Manuskript zwei mir vertrauten, hochverehrten Frauen, beide, wie ich meinte, kompetent in der Beurteilung von Frauenliteratur.

Bei beiden war der Tenor: Was musst du jetzt noch ein Buch schreiben, du bist doch auf vielen Gebieten brauchbar und kompetent, das literarische Schreiben ist aber vermutlich doch eine Nummer zu groß für dich …

Ich frage mich heute, warum ich gerade diese beiden Frauen konsultierte, von denen ich wusste, dass beide sich mit dem Gedanken trugen, selbst ein Buch zu schreiben, es aber immer wieder hinauszögerten und auch schon bei Verlagen abgeblitzt waren. Frauen, die Niederlagen erfahren haben, klammern sich, so erfahre ich öfters, gerne an Schicksalsgenossinnen, von ihnen Bestätigung und Aufmunterung erhoffend! Es fehlt der Mut, sich an wirklich erfolgreiche, kompetente und sachkundige Frauen zu wenden und zu sagen: Hier bin ich – und das will ich herausbringen, denn es ist gut! Sich an Schicksalsgenossinnen zu wenden, denen es ebenso geht wie einem selbst, bringt häufig nur eine fragwürdige Solidarität im Gefühl, gemeinsam Opfer zu sein. Einen Schritt weiter zu tun heißt aber gerade, sich von dieser Welt zu trennen und dabei gegebenenfalls auch feindliche Gefühle des Neides auf sich zu nehmen.

Der bemerkenswerte, 2006 am Filmfestival in Locarno gezeigte Film von Lain Dilthey, *Gefangene*, zeigt eine Frau, gefangen in der Enge ihrer Tüchtigkeit und den Erwartungen, welche die Berufswelt an sie stellt. Sie lässt sich befreien von einem Insassen aus dem Gefängnis ihrer Wohnung gegenüber. Auf der Flucht aber erschießt sie zuerst ihre Freundin und Helferin auf ihrem bisherigen Weg. Diese zunächst unverständliche Tat symbolisiert die Notwendigkeit, sich vom bisherigen Leben ein Stück weit zu trennen, um einen neuen Anfang machen zu können.

Zum Glück lernte ich eine kompetente, sehr erfolgreiche Schriftstellerin kennen. Es war an einer Tagung zu sozialmedizinischen Themen. Ich hielt ein Referat. Anschließend kam sie durch den Gang auf mich zu –

machte mir ein Kompliment. »Wissen Sie, bei Ihren Vorrednern an der Tagung wusste ich immer sogleich, aus welcher ›Schachtel‹ ihre Gedanken stammen, konnte mir schnell zurechtlegen, was ich da zu hören bekommen würde. Bei Ihnen ist es anders, da ist ein ›Freigehege‹.« Dieses Wort hat mich elektrisiert. Ich brachte ihr meine Manuskripte und es gelang ihr ausgezeichnet, Schwerpunkte auszumachen in Bezug auf mein Eigenes. Sie riet mir, mich nur darauf zu verlassen. Das tat mir sehr gut, war ich doch geneigt, gerade dieses immer wieder auszulöschen.

Wie oft bin ich den Berg hinaufgerannt, oben verzweifelt her und hin – Wo ist der Ausweg? Wann wird endlich das Ziel sichtbar? – und dann langsam und geschlagen wieder nach unten und zu meinem Mann: Es geht nicht, ich bin total blockiert – was soll ich tun? An etwas glauben, ohne davon etwas zu sehen, die Durststrecke aushalten, bis sich plötzlich aus dem Nebel die Umrisse dessen offenbaren, was man sucht: diese Einsamkeit muss man durchstehen.

Während ich schreibe, denke ich ab und zu an den Weg der großartigen sardischen Dichterin Grazia Deledda. In den Bergen Sardiniens und in einer ausgesprochenen Macho-Gesellschaft aufgewachsen, fing das kleine Mädchen heimlich an zu schreiben, ohne Bücher zum Vorbild zu haben. Im Spezereiladen des Dörfchens griff es nach einer Illustrierten, fand dort die Adresse eines Verlages, schickte unter Todesängsten und mit gestohlenem Geld für das Porto ihre Seiten ab – und wurde gedruckt. Aber auch das musste sie verheimlichen. Aus der Erkenntnis, dass sie ihr

Talent nur entfalten konnte, wenn sie ihre Heimat verließ, diese Heimat, der alle ihrer späteren Werke gewidmet sind, fasste sie einen Entschluss, der zeigt, dass sie alles einzusetzen bereit war, um ihre Berufung leben zu können. Sie heiratete einen Mann, den sie nicht liebte, der aber auf dem Festland Italiens lebte und ihr ein Auskommen bot. Sie schrieb fern der Heimat zahlreiche Werke, alle über das Hirtenleben der sardischen Berge, wurde weltberühmt, erhielt schließlich sogar den Nobelpreis. Die kleingewachsene Frau mit den halbmetergroßen Hüten wurde in der ganzen Welt gelesen. So etwas vollbringt nur, wer eine ganz außergewöhnliche Begabung hat und ihr einfach alles opfern muss.

Drängen und Zweifel

Dem Strom dieser Dichtungskraft gegenüber sickerte bei mir nur ein dünnes Bächlein – und dann hatte ich mit dem Entdecken auch zugewartet, bis ich über sechzig war und graues Haar hatte. Und dennoch, endlich hatte ich dem Drängen meines eigenen dichterischen Wassers nachgegeben, ihm vertraut, und als das Buch – auf dem Umschlag das sechsjährige Mädchen (ich!) am Weiher stehend – vor mir lag, flossen die Tränen. Ich hatte einen guten Verlag gefunden, eine sehr gute, einfühlsame Lektorin, eine junge, aber schon erfahrene Frau, die sehr rasch ihren Finger auf das legte, was sie als meine Stärke bezeichnete: die Fantasie, das Vorstellungsvermögen, die starken Bilder. Und das waren gerade die Stellen, die ich immer wieder gestrichen hatte! Aber das herzerfrischende Lachen von Kathrin Eckert, ihre offene Begeisterung für das, was sie las, spornten mich an und es machte mich offen für ihre Kritik am Gekünstelten, Leblosen und Überflüssigen. Ein Buch schreiben zu dürfen, begleitet von einer geduldigen, sachkundigen Lektorin, die das Buch an ihr Herz nimmt und versteht, was man macht, ist ein Erlebnis, ein großes Geschenk.

Ich hatte Glück – und war glücklich, als ich an den Solothurner Literaturtagen, an denen ich schon so oft Schriftstellerinnen und Schriftstellern gelauscht (und sie beneidet) hatte, im schönen Landhaussaal einer großen Zuhörerschaft selbst aus meinem Erstlingswerk lesen durfte.

Mein Roman *Das gefrorene Meer* wurde ein Erfolg. Es ist auch den Medien nicht gelungen, mich auf meinen prominenten Bruder zu reduzieren, inzwischen haben meine Bücher ein Eigenleben entfaltet und beweisen, dass sie ohne fremde Anleihen existieren können.

Als ich einmal mit dem Zug unterwegs war, saß eine Frau mir vis-à-vis und starrte mich unentwegt an, bis sie fragte: »Habe ich Sie nicht schon im Fernsehen gesehen? Sind Sie nicht diese Frau, welche die »Lore« (Hauptfigur im Buch *Das gefrorene Meer*) geschrieben hat? Wissen Sie, da heißt es doch, die Mutter sei gewesen wie ein Fluss, in den jeder das geworfen habe, was er los sein wollte – und sie habe alles mit sich getragen. Wissen Sie, ich glaube, ich bin auch so jemand. Glauben Sie, dass das gut ist?«

Die Frau konnte nicht zum Voraus wissen, dass sie mich treffen würde, hatte aber diesen Satz in ihrem Gedächtnis und zeigte, dass er dort nicht einfach liegen geblieben war, sondern sie umtrieb! Das ist eine Sternstunde, wenn die eigenen Worte so gehört werden.

An meinen Lesungen kommt vieles zu mir zurück, was ich ausgesandt habe, oft bereichert durch die Fantasie der Leserinnen und Leser, die mich manchmal davon überzeugen wollen, dass es genauso in meinem Buch stehe. So weben wir weiter an unseren Stoffen, ich an den meinen, sie an den ihren, und lassen die Gedankenblitze hin und her fliegen.

Durch Irrtümer weiterkommen

Ich stelle meine Bücher noch immer nur mit vielen Umwegen fertig, und es sind viele Papierkörbe voller zerknüllter Entwürfe zu entsorgen, bis mein Text endlich steht. Warum ich so oft zuerst den falschen Weg nehme, bevor ich den richtigen erwische, weiß ich nicht genau, aber ein wunderbarer Bericht über den Maler Alberto Giacometti hat mir ein Licht aufgesteckt.

Giacometti wollte seinen Freund James Lord, der bei ihm zu Besuch war, vor seiner Abreise noch schnell porträtieren. Das Resultat befriedigte ihn nicht und der Freund musste seine Abreise um einen Tag verschieben. Und dann immer so weiter, mehrere Wochen lang: am Abend wurde die zeichnerische

Leistung des Tages zerstört und am andern Tag musste der Freund erneut Modell sitzen, fing alles von vorne an. Inzwischen hatte dieser seine Abreise schon bald um drei Wochen verzögert und war am Verzweifeln. Außerdem fand er, dass zwischen den Gesichtern, die am Abend fertig waren – und ausradiert wurden, um am nächsten Tag durch ein neues ersetzt zu werden, kaum mehr ein Unterschied auszumachen sei, sie sahen doch einander fast ganz gleich. Er drängte Giacometti, endlich damit aufzuhören. Der aber sagte: »Siehst du denn nicht, ich komme vorwärts, jeder neue Versuch ist ein Fortschritt, denn jeden Irrtum, der mir passiert, kann ich mir künftig ersparen, jeder neue Entwurf bringt mich dem Resultat näher.« Als das Porträt endlich fertig war, sah man dem Gesicht und seiner Tiefe an, wie es gestaltet worden war, es wurde eines der berühmtesten Werke des Malers.

Seitdem ich das gelesen habe, überfällt mich nicht jedes Mal das Gefühl eines Totalverlustes, wenn ich wieder eine Seite im Papierkorb verschwinden lasse, sondern ich weiß: diesen Irrtum musst du nicht mehr machen, du bist also weitergekommen.

Schreiben ist Selbstverwirklichung par excellence. Den Zensor führt man allerdings immer gleich mit sich: Es ist die Sprache, die untrüglich anzeigt, ob ich das, was ich sagen will, aufs Papier gebracht habe oder ob ich Ausflüchte und Umschweife mache. Authentizität ist entscheidend. Sich diesem strengen Maßstab anzuvertrauen ist ein beständiges, beglückendes Abenteuer: Ich stelle mich mir selbst.

Wenn ich auf den vorangegangenen Seiten auch die Mühen des Schreibens erwähnt habe, dann vielleicht aus dem Bedürfnis heraus, die Einsamkeit und Verzweiflung, die mit dem Schreiben einhergehen, festzuhalten, und auch ein wenig als Klarstellung gegenüber all jenen, die es sich allzu leicht vorstellen.

Schreiben gehört ungeachtet der Anstrengung, die es auch bedeutet, zu den großen inneren Befreiungen. Der Brustkorb wird weit, das Oberstübchen zu ganz eigenen Zwecken in Betrieb genommen, ohne zu fragen: Was soll's, was bringt's? Das eigene Fühlen und Denken, die Gespinste, die im Kopf entstanden sind, andern zum Lesen anzuvertrauen, das ist eine weitere Mutprobe. Schreiben und lesen gehören zusammen. Ohne meine Dichter könnte ich nicht schreiben. Sie überragen mich turmhoch und nehmen mir den Mut, es auch zu wagen – zugleich sind sie mir Ansporn, es dennoch zu tun. Wahrscheinlich bin ich die kritischste Leserin meiner Bücher. Ich ärgere mich bei jeder Lesung, sei es in sprachlicher oder inhaltlicher Hinsicht. Manchmal ist es so schlimm, dass ich lese, was gar nicht dasteht, ob es besser ist, weiß ich nicht. Aber dann immer wieder die beglückende Feststellung: Auch wenn man häufig missverstanden wird – es gibt Leser und Leserinnen, die genau verstehen, was man geschrieben hat oder schreiben wollte!

Und auch wenn ich nicht gelesen würde: Die tiefste Befriedigung, der eigentliche Zweck des Schreibens ist, dass man sich selbst zugesteht, die

Welt zu deuten – und dieser Deutung eine Form gibt, die vor dem eigenen Urteil Bestand hat. Dass ich dies erreicht habe in meinem Leben, macht mich glücklich.

9

Was bleibt?

Mein ältester Bruder ist mit 49 Jahren gestorben. Ein längeres Leben war ihm aus inneren und äußeren Gründen verwehrt. Er war in seiner Entfaltung als Maler gehindert, blieb unverheiratet und in einem ungeliebten Beruf stecken. Eine organische Krankheit hat ihn schließlich dahingerafft. Mit seinem höflichen Wesen, seinem sanften, ironischen Lächeln, das ahnen ließ, dass er mehr vom Leben wusste, als er zeigte, ist er mir gegenwärtig und ganz nah geblieben, frisch, auch wenn ich nunmehr selten bewusst an ihn denke. So oft ich jedoch ein Bild von Cézanne oder Lovis Corinth sehe, bin ich wie elektrisiert, so klar und stark leuchtet sein Auge vor mir auf, so deutlich höre ich seine begeisterte Stimme rufen: »Dieses Licht, diese Kraft!« Ebenso geht es mir, wenn ich auf eine Zeile von Hölderlin stoße, den er liebte wie keinen andern. Was ist es, das unvergänglich bleibt an einem Menschen? Was ist von ihm geblieben, nicht nur für mich, sondern auch für andere, so viele Jahre nach seinem Tod? Ist es seine Begeisterungsfähigkeit, sein Eintreten für das Wahre und Reine (oft mit einer Tirade gegen das Unechte, Gekünstelte und Triviale verbunden)? Blieb das zurückhaltend Zarte haften, das bei meinem Bruder zum Ausdruck kam, wenn er Menschen begegnete, zum Beispiel Kindern im Zeichenunterricht half?

Ich wäre nicht die, die ich bin, ohne ihn – auch wenn er mich häufig kritisierte, mir vorwarf, dass ich Kompromisse schließe mit meinen Lebensansprüchen, zu wenig beharrlich hoch greife. Darüber rümpfte er die Nase. Das tat mir weh. Er hat mich dennoch auch gesucht, wir sind nebeneinander hergegangen, auch wenn ich ihn ständig als über mir empfand, seine Sehnsucht nach dem Hellen und Schönen, sein Greifen nach den Sternen. Daneben seine tiefe Lebensskepsis – war mein eigener Weg unbewusst Gegenwehr? Der scharfe Blick aus seinen ungewöhnlich blauen Augen, das Erfassen des Echten und Klaren in allen Dingen, seine idealistische Lebensvorstellung haben mich stets begleitet, mich an manchem Scheideweg vielleicht am Abrutschen ins Banale bewahrt, mich innerlich »hochgezogen«.

Er hat seine Ideale trotz allen Schicksalsschlägen bewahrt, in keiner Situation verlor er seine Lebens-Eleganz, sich ihn unästhetisch vorzustellen, ist unmöglich, gewisse Grenzen überschritt er nie. Er machte einen Versuch gegen Ende seines Lebens, alles Hochgesinnte abzustreifen und sich in einer Bodega mit irgendwelchen Kumpeln zusammen zu betrinken. Es war ein schneller Rausch, der Wahn, das Leben ließe sich auf diese Art leichter leben. Er kehrte rasch zurück in sein in sich gekehrtes Dasein mit seinem hochstehenden Traum. Er opferte ihn nicht, auch als ihm weder die Psychiatrie noch materielle Not erspart blieb.

Ich glaube, es sind solche Eigenschaften, die einen Menschen zum Vorbild machen lange über seinen Tod hinaus, ungeachtet dessen, was er an sichtbaren »Leistungen« hervorbringt.

Ich könnte weitere Seiten in meinem Lebensbuch aufschlagen, an Ereignisse und Persönlichkeiten erinnern, die in den vorliegenden Aufzeichnungen nicht vorkommen, obwohl sie lebensspendend und bewusstseinserweiternd für mich waren.

Hat sich beim Schreiben dieses Buches die Frage, woran wir im Leben wachsen, wenigstens für mich geklärt? Nur zum Teil. Zum Schluß stelle ich fest, dass mein Fragen zu einem großen Dank für das geschenkte Leben geworden ist. Ich habe bei der Auseinandersetzung mit meinem Lebensweg Dankbarkeit gewonnen. Dankbarkeit für viele lebensfreundliche Einflüsse, für Menschen, die mir unerschrocken ihre Meinung gesagt und mich ernst genommen haben, die mir etwas zutrauten und mir Vertrauen schenkten, oder die einfach da waren mit ihrem So-Sein und das Leben gelebt haben.

Das Leben ist vermutlich unaussprechbar – und so lässt sich wohl auch Lebenserfahrung nicht rational ausloten. Zwischen den Zeilen des Buches verbirgt sich aber auch das, was ich nicht aussprechen wollte: das Bewusstwerden dessen, was ich dem Leben schuldig geblieben bin, was ich in mir selbst und in andern an Lebendigem verhindert und vernichtet habe, meine Lebensschuld. Das will ich jedoch hier nicht ausbreiten. Öffentliche Beichten haben etwas Selbstgefälliges. (Anders ist es, wenn man Selbsteinsicht verfremdet, sie in einem Roman darstellt, wie es der große amerikanische Romancier Philip Roth in seinem Buch *Jedermann* getan hat, einem Meisterwerk, das rückblickend das gesamte Leben eines Mannes erzählt, der äußerlich erfolgreich, innerlich aber gescheitert, sich selbst die Schuld dafür gibt. In erschütternder Art und Weise wird hier ein Mensch dargestellt, der sich seinem Wahrhaftigkeitsanspruch radikal stellt und erkennt, dass er die Chancen, glücklich zu sein und glücklich zu machen, im Leben immer wieder versäumt hat, aus Karrieresucht und sexueller Gier, beides Facetten der Angst vor dem Tod.)

Die Frage, woran wir wachsen, ist also nicht beantwortet, aber geblieben ist mir das Wissen von etwas Kostbarem, in meinem persönlichen Leben jetzt freilich auch Entschwindenden, dem Sorge zu tragen ich nicht müde werden darf.

Ich lebe mein Leben in wachsenden Ringen
Die sich über die Dinge ziehn,
ich werde den letzten vielleicht nicht vollbringen,
aber versuchen will ich ihn.

Ich kreise um Gott, den uralten Turm,
und ich kreise jahrhundertelang:
und ich weiß nicht, bin ich ein Falke, ein Sturm
oder ein großer Gesang.

Rainer Maria Rilke

Der uralte Turm scheint verschwunden, am Boden sind seine Trümmer sichtbar. Von ihnen geht aber Verheißungsvolles aus, das mir Achtsamkeit beibringt, das mich innehalten und horchen lässt auf die Töne des Lebens, ihren Ursprung, ihren Sinn.

Bin ich ein Falke, ein Sturm – oder ein Nichts, ein Wesen, welches in der Jahrhunderttausendrechnung des Universums eine Sekunde lebt und dann zu Staub wird? Spielt es also letztlich keine Rolle, wie ich gelebt habe, da sich durch mich null und nichts ändert? Meine Lebens-Erfahrungsforschung sagt mir, dass jedes einzelne Leben verantwortlich gelebt werden muss, denn das Wohlergehen der Menschen wird gespeist von der Solidarität und Liebe zueinander, der Lebenskraft, der Lebensfreude, die wir einander spenden, sie ist Grundlage für den Bau und den Betrieb unserer Lebenshäuser auf der Erde mit den politischen Regeln, Menschen (allen Menschen), Tieren, Pflanzen, dem Wasser und der Luft Sorge tragen, damit die Sonne uns nicht zum Feind wird und die Erde uns nicht schließlich abwirft.

Fürs Leben gern habe ich wandernd in den Wiesen Blumensträuße gepflückt. Sie wurden größer und größer, so oft ich wieder ein Pflänzlein fand, das ich noch nicht in meinem Bouquet hatte. Schließlich konnte ich jeweils mit der Spanne zwischen Daumen und Zeigefinger die Halme fast nicht mehr umfassen. Heute geht das nicht mehr: meine Standfestigkeit im gebückten Suchen an Wiesenborten lässt nach – außerdem sind Blumen so selten geworden, dass man sie dringend stehen lassen muss.

Beim Fertigstellen dieses Buches träumte mir zweimal hintereinander, dass ich wieder einen solchen Blumenstrauß zusammenstelle und stets ein neues Blümchen hinzufüge, bis mir die Hand so wehtut, weil mir der Strauß zu groß, zu schwer wird. Da bleibt nur, ihn mit einem letzten dankbaren Blick abzulegen.